JN026581

VISUALIZE

60

VISUALIZE 60

デザインやクリエイションに求められる役割が変わってきました。ブランドのイメージや製品の魅力を理想的に表現するのみならず、ものやことに潜在する価値や、生み出されるサービスの魅力、あるいは、新しい産業やそこに潜んでいる可能性を見極め、わかりやすく可視化する力が求められているのです。私たち日本デザインセンターは、これを「VISUALIZE」という言葉に集約してみました。

人工知能はどんなサービスを世の中に提供するのか、そこにどのような幸福や喜びが生み出されるのか、あるいは、伝統や文化によって蓄えられてきた技や美意識がいかなる資源として、未来に開花していくのか……。企業やブランドが新たな商品やサービスを構想し、それによってもたらされる豊かさや心地よさを訴求していく局面でVISUALIZEはきわめて有効で、デザインの役割はさらに重要になります。デザインやクリエイションの守備範囲も、環境、空間、Web、映像、編集、プロダクト、UX、インタラクションなど多様な領域を横断・融合して拡がってきました。

本展覧会「VISUALIZE 60」は、創業60年を反芻しつつ、新たな領域に向き合う近年の60のプロジェクトを通して、日本デザインセンターを捉え直していく試みです。展覧会で用いられているイラストレーションは、私が普段の仕事で「ポンチ絵」と称している概念スケッチが、この展覧会のディレクションを担当した色部義昭の発案をもとに、イラストを担当した三澤遥によって、丁寧な線で仕上げられたもので、ここでは「トビラ絵」と呼ばれています。個々のプロジェクトの冒頭に置かれるだけではなく、どんな意味なのだろうという疑問を喚起することが、内容への興味と理解の入口になるだろうと考えて付けられた名称です。このトビラ絵もVISUALIZEの一端です。

60のプロジェクトの多くは、「ロングテール」とでも呼ぶべきこもごもの仕事ですが、これはまさに未来の「仕事の芽」です。トビラ絵によって目に見えるかたちとなった仕事の芽を通して、その生長の先を、皆さまと共有できれば幸いです。

日本デザインセンター　代表取締役　原研哉

CONTENTS

VISUALIZE 60　原研哉

CONTENTS

DESIGNは、VISUALIZEへ　原研哉×色部義昭×大黒大悟×三澤遥

AFTER VISUALIZE 60　色部義昭

CREDIT

2つの顔でススメ

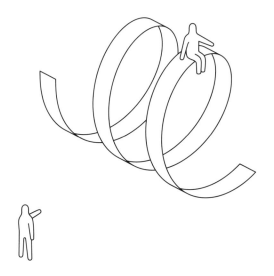

Osaka Metro

その街の地下鉄だからこその目印へ。
街（Osaka）の個別性を表すイニシャル「O」、
地下鉄（Metro）の機能を表す「M」。
その2つが交わる点を探り当て、
都市のシンボルとしてVISUALIZE。

Metroの頭文字「M」は、
螺旋状に回転し、Osakaの「O」へ。

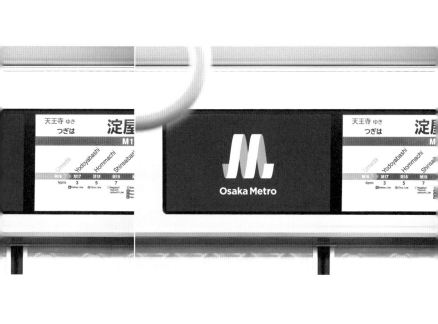

濃く鮮やかなブルーは、
大阪の街の活気と調和していく。

指先が決めた、オートクチュール

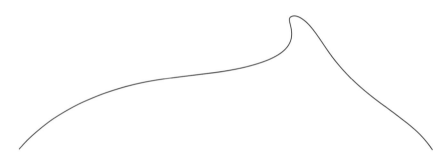

ピエール・エルメ・パリ「イスパハン」

フランスパティスリー界の巨匠による
代表作のパッケージをデザイン。
手と指の直感的な仕事から生まれたフォルムは、
つなぎ目のない曲線と繊細な白いテクスチャーが特徴。
中にあるケーキの美しさを鮮烈に際立たせている。

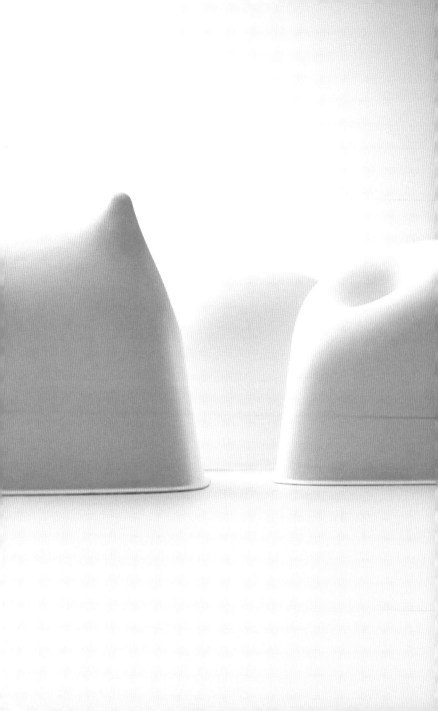

Je considère la [...] me un Art avec
un grand A, un ce [...]
[...]
[...] que le musique, la peinture, la sculpture...

24時間、開校中

女子美術大学・短期大学部 Webサイト

他大学とは異なる女子美術大学ならではの
「温度感」をVISUALIZEしたWebサイト。
受験生が等身大のキャンパスライフに触れられるよう、
個性を持った学生たちの多様な姿や言葉を
丁寧に切り取り、「今」起きていることとして伝えている。

5:25 A.M. 　　　　　　　　Ｑ　　　≡

おはよう、女子美です。

ランダムに表示される、
女子美生の日常の姿と実際の言葉。

こんばんは、女子美です。

一枚の印象的なヴィジュアルではなく、
学生たちの多様性を受け入れるアートディレクション。

学生たちが使い慣れた、
スマホファーストなデザインと情報設計。

04 人為と自然のせめぎ合い

無印良品 企業広告「気持ちいいのはなぜだろう。」

　シンプルで気持ちのいい暮らしを目指す無印良品は、
余分を廃し、必然を整えていくという意味で、
「掃除」そのものと言っていいかもしれない。
世界中で採集した「掃除」という営みを介して、
企業の思想を世界へ問いかける試み。

掃除とは、人為と自然がせめぎ合う
「ほどほどの心地よさ」を探し当てること。

気持ちいいのは
なぜだろう。

無印良品

巡りたいが止まらない

瀬戸内国際芸術祭

舞台は、瀬戸内の12の島と2つの港、200を超えるアート群。
「次はこの作品を観よう!」「この島の次は、あの島だ!」
公式アプリや地図の開発を通して、来場者に動き回る力を供し、
アイランド・ホッパーとしての能動性を引き出す取り組み。

OUCHI
ENNALE
6

アートと島を巡る瀬戸内海の四季

Seto Inland Sea Art and Island Journey
Through the Seasons

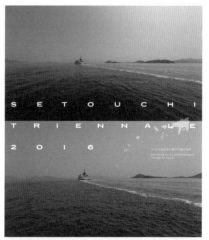

来場者が快適に動き回り、作品と島と、
そこに住む人々に関わりたくなっていく仕組み。

男木島
OGIJIMA

女木島
MEGIJIMA

女木町
Megi-cho

鬼ヶ島おにの館
フェリーターミナル
Onigashima Oni no Yakata
Ferry Terminal

06 紙は試している

60

TAKEO PAPER SHOW「SUBTLE」

「かすかな、ほんのわずかの」を意味する
「SUBTLE（サトル）」。
紙の繊細な質感や脆弱な風情が
人間の創意に与え続けてきた影響を捉え直し、
先端テクノロジーとともに紙のさらなる可能性を提示。
紙を使う人の能力を引き出していく試み。

紙は、人間の創造意欲を煽る「媒質」である。

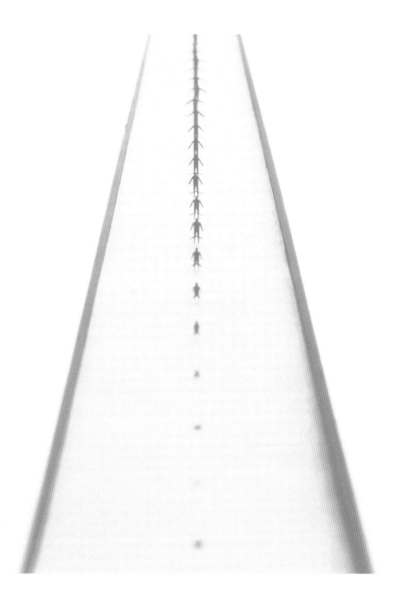

感覚の目盛りをより細かくする展示会。

自然の色、いただきます

naturaglacé

自然の力を借りながら、自らを彩っていく。
100％天然由来の原料のみにこだわった
国産コスメブランド、その顔つきのVISUALIZE。

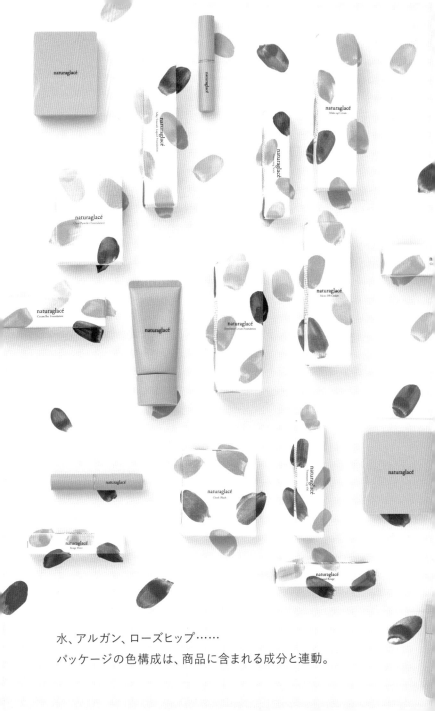

水、アルガン、ローズヒップ……
パッケージの色構成は、商品に含まれる成分と連動。

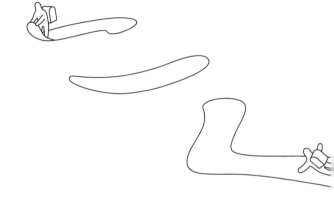

新しい国語

未来を担うこどもたちへ。日本語の言葉の力を
VISUALIZEした国語の教科書のアートディレクション。
はじめて出会う言葉がいきいきと素敵に輝き、
ひとりひとりの好奇心を膨らませる一冊に。

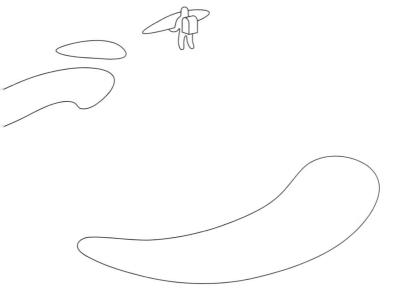

文字組みの設定をはじめ、イスラトレーターの選定も。

1年生から6年生まで、全10冊の隅々にわたってデザイン。

09 産業の交差点

HOUSE VISION

エネルギー、モビリティ、物流、通信、素材開発、
データ解析、AI、シェアリング……
あらゆる産業の交差点である「家」を起点に、
暮らしの未来を複合的に考えていくプロジェクト。
2013年、2016年の東京展に続き、2018年は北京で開催。
広くアジアへと活動の範囲を拡大している。

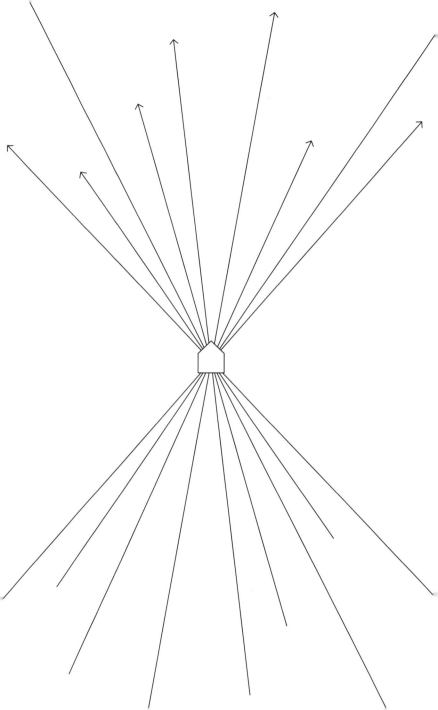

新しい家の在り方を原寸大で体感する試み。

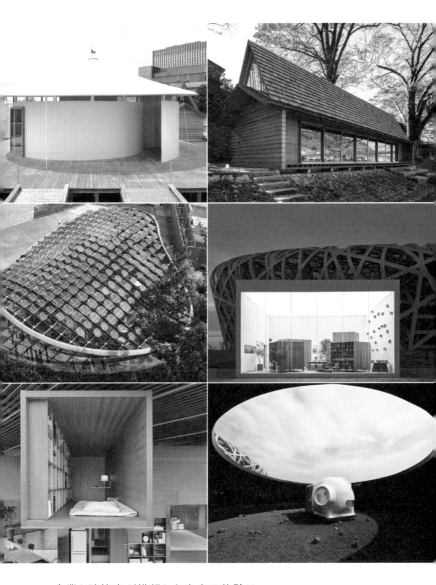

企業と建築家が構想した未来の体験は、
来場者の「家」のイメージに新たな芽吹きをもたらす。

余白は引力

東京ビッグサイト

日本最大規模を誇るコンベンション施設の
VIシステムのデザイン。世界中の人々を次々と受け入れる
「大いなる余白」としての顔つきをVISUALIZE。

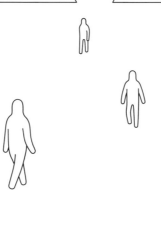

TOKYO BIG SIGHT

世界が集う、世界。

▲

YO BIG SIGHT

世界最大、世界最速、世界最新……
ここは、世界の今が集う世界の入口。

TOKYO BIG SIGHT

A WORLD OF WORLDS
▲

TOKYO BIG SIGHT

TOKYO BIG SIGHT

Takashi
MATSUDA

ファーストペンギンのSAKE

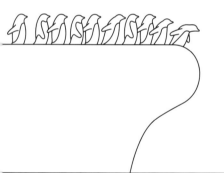

堂島酒醸造所

大衆に寄りそうようにつくられてきた日本の酒を
英国で醸造し、国際的なSAKEとして
1本1000ポンド（約15万円）の高価格で売り出す試み。
先陣を切る挑戦者の顔つきをVISUALIZE。

「日本酒を広めるなら、輸出ではなくつくり方を広めるべき」
そんなクライアントの意思、姿勢に共鳴した。

あなたはだれ?

LINNÉ LENS

同じ地球で暮らしているのに、
生きものたちのことをほとんど知らない私たち。
でもスマホをかざすだけで、
10,000種以上の名前が一瞬でわかる。
あなたの「知りたい」をどんどん引き出す
AI図鑑アプリのアートディレクション。

LINNÉ LENS

魚、鳥、昆虫、哺乳類、両生・爬虫類……
そして植物も。

見つけた生きものが図鑑の写真に。
撮影した順番に記録。たどるのはスクロールで。

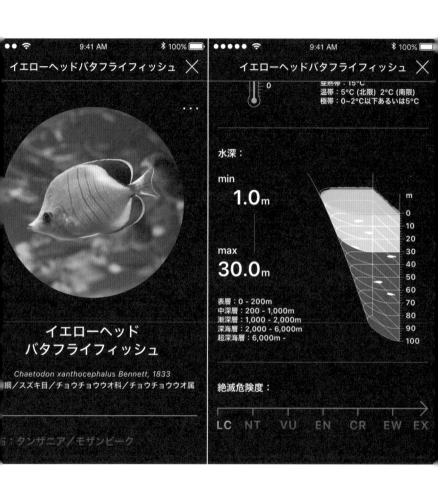

アプリならではの図鑑のかたちを探求。
動くインフォグラフィックスは、その一例。

サイチョウ目
ヨタカ目
アマツバメ目
カツオドリ目
ペリカン目
キジ目
プレボウソウ目
キツツキ目
タカ目
ミズナギドリ目
オウム目
タカ科

カサゴ目
ナマズ目

フグ目
フグ科
カワハギ科

カラシン科
カラシン目
カレイ目
ヤスデ
ウナギ目
ホヤ綱
糸鰭綱
ウミシダ目
ウミユリ綱
カダヤシ目
カダヤシ科
蛇尾綱
目
ナ目
アンコウ目
クモヒトデ目
ヤマ□メ目
キンメダイ目
ヒドロ虫綱
ヨウジウオ目
アントアデカータ目
コイ目
コイ科
桐口クラ
両生綱
有尾サンショウウオ科
カエル目
ナ□ヘビ目
トカゲ目

この生きものと、あの生きものが？
意外なつながりを発見できる「系統樹」のコンテンツも。

庭も部屋

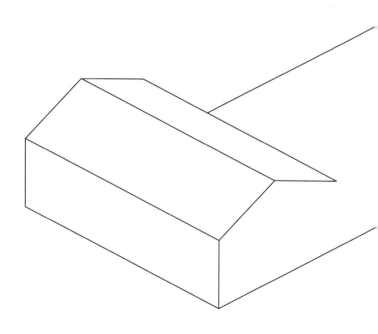

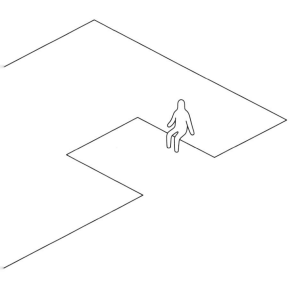

無印良品「陽の家」

大きな開口によって、つながる庭と部屋。
本来、室内で行われる営みを外に出して
陽に当ててみると、暮らしに新たな潤いが生まれるはず。
快適な住まいの理想をVISUALIZE。

庭と仲良くする工夫が詰まっている。

天気の良い週末は、テーブルを庭に出して過ごしてみる。

誇りを、醸す

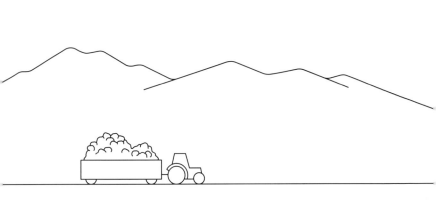

じゃがいも焼酎「北海道 清里」

　北緯44度、知床半島の付け根に位置する北海道清里町。
　世界に誇れる「自然」「農業」「人」が息づく
　清里町の名産「じゃがいも焼酎」のデザインを通して
　町とそこで暮らす人々の誇りを可視化するプロジェクト。

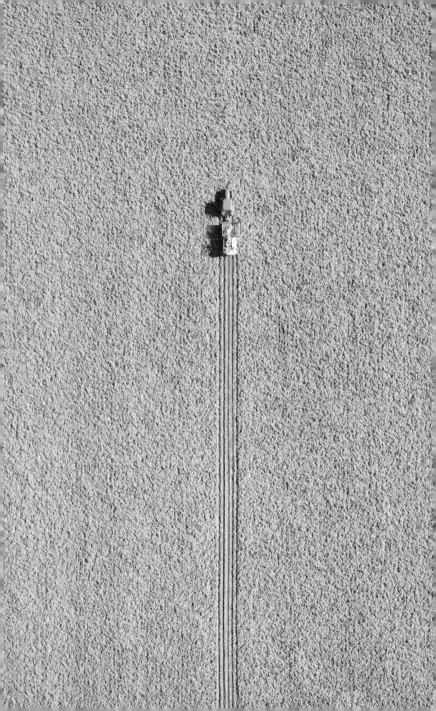

肥沃な大地と日本百名山・斜里岳が育む湧水。
豊かな恵みで醸す逸品を、世界に誇れる顔つきへ。

じゃがいも焼酎

北海道 清里 〈原酒〉

15 自由で不自由な液体

60

リキテックス「ガッシュ・アクリリック プラス」

アクリル絵の具のパッケージのアートディレクション。
ロゴから滴る顔料をモチーフとし、
「自由に描けるが、思い通り描けない……」
そんな創作活動の歓びや葛藤をVISUALIZEした
動的な顔つきを構築している。

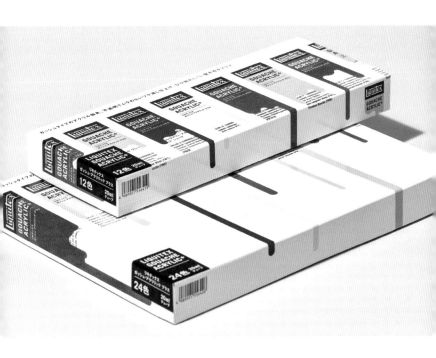

ロゴから滴る顔料は、
色の明るさを示す数値によって形状変化する仕組みに。

Liquitex

GOUACHE ACRYLIC+

PRIMARY RED

プライマリー レッド

16 ただ折るだけなのに

三越伊勢丹
「MAKE it HAPPY! 2017 CHRISTMAS」

デジタルな時代だからこそ、
人の手がつくりだすぬくもりを大切にしたクリスマスへ。
折ることで形を変えるショッピングバッグが主役。
「贈る」の一歩先へ、ひと手間加えることで、
より思いを伝える試み。

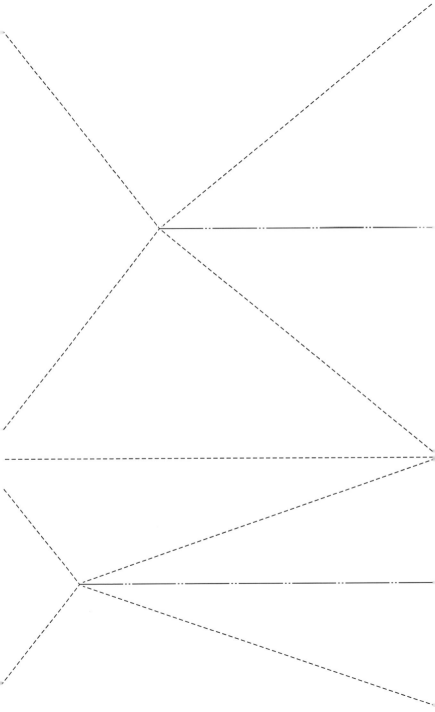

持つだけでも元気になれるように。

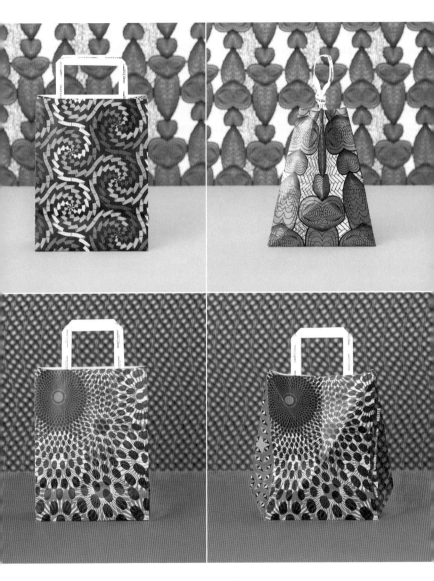

アフリカンテキスタイルをまとった「oruorubag」。

人の手で折られたバッグが、
たくさんのHAPPYを生み出していく。

17 ハイレゾリューションな日本

低空飛行

「これは飛行機の旅ではありません。
こんな日本はいかがですか」
原研哉個人が日本各地に足を運んで、自身の目で
選りすぐった日本の深部を紹介していくWebサイト。
観光の解像度を上げ、新たなツーリズムに備えていく試み。

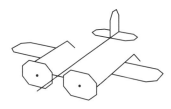

場所の選定、映像、写真、テキスト、編集を原研哉が手がけ、
情報の独自性と篩の目の純度を維持する。

神奈川県　小田原
江之浦測候所

Kanagawa prefecture　Odawara
ENOURA OBSERVATORY

Tochigi prefecture　N
Art biotop
WATER GARDE

奈良県　吉野町
吉野杉の家

Nara prefecture　Yoshino
YOSHINO CEDAR HOUSE

Mie prefecture　Shima
AMANEMU

三重県　伊勢市
神宮

Mie prefecture　Ise
JINGU

Hokkaido　Kushiro W
LAKE TORO & KUS

鹿児島県　霧島連峰
テンクウ

Kagoshima prefect
Kirishima mountain range
TENKU

Kyoto prefecture　Kyoto
TAWARAYA

栃木県　那須
アートビオトープ　水庭

瀬戸内海　客船旅館
ガンツウ

Seto Inland Sea　Cruise ships
GUNTU

三重県　志摩半島
アマネム

神奈川県　湯河原
石葉

Kanagawa prefecture　Yugawara
SEKIYOU

北海道　釧路湿原
塘路湖と釧路川

秋田県　乳頭温泉郷
鶴の湯

Akita prefecture　Nyuto-Onsen
TSURUNOYU

ER

京都府　京都市
俵屋旅館

岡山県　岡山市
後楽園

Okayama prefecture　Okayama
KORAKUEN

低空飛行
HIGH RESOLUTION TOUR

低空飛行とは

飛行機の旅ではありません。こんな日本はいかがですか、と原研哉が選りすぐりのスポットを紹介するサイトです。場所の選定、写真、動画、文、編集の全てを本人が手がけることで、情報の独自性と範の目の純度を維持します。「低空飛行」とは、地上の景色をつぶさに眺められる高度で、日本の深部あるいは細部をくまなく見てまわる旅をイメージした比喩的な名称です。日本の魅力の核心に目を凝らします。

2020.09.11

ブログ更新｜025 あるがままの湯 ＞

2020.09.7

コンテンツ更新｜東京都 銀座 MUJI HOTEL ＞

Tokyo prefecture
MUJI HOTEL GINZA

Tochigi prefecture Nasu
Art Biotop
WATER GARDEN

Fukuoka prefecture Yame Oki village
FENIYA MUKAYU

た湯がゆっくりと天然石の表面を滑り落ちて岩肌を濡らし続けている。湯に入り遠くを眺めると、風景そのものに浴している気分になる。天候によって千変万化する羊蹄山の姿も神々しい。

料理は空間の完成度と呼応していて、和でありモダンである。器の用い方も、純和風というわけではなく、北海道の自由さを感じる遊びがあり楽しめる。刺身の出し方も、北の海産物を多彩に用いていて、瞠目的な奥行きがある。肉もジビエなど、地元の食材をよく研究していて連目に飽きることはなかった。雪の白樺林をくぐって室内に届く清澄な光の中で楽しむ朝食も、心地よいひと時である。

2019.7.18

▶ Play Movie

アクセス

〒044-0084 北海道虻田郡倶知安町花園76-4

Google Map

Hiroshima prefecture
蒸溜所

神奈川県 小田原
吉水諏訪候所

神奈川県 小田原
Kanagawa prefecture Odawara
ENOURA OBSERVATORY

熊本県 妙見温泉
椿の花
Kumamoto prefecture Myoken Onsen
GAJOEN

秋田県 乳頭温泉郷
の湯
Akita prefecture Nyuto-Onsen
TSURUNOYU

岡山県 岡山市
後楽園
Okayama prefecture Okayama
KORAKUEN

低空飛行
HIGH RESOLUTION TOUR

☰

北海道　倶知安町
坐忘林

Hokkaido Kutchan
ZABORIN

Scroll

羊蹄山の麓、異国の目で捉えた日本

日本の美はときに感度のいい異国人によって

日本のたわわ

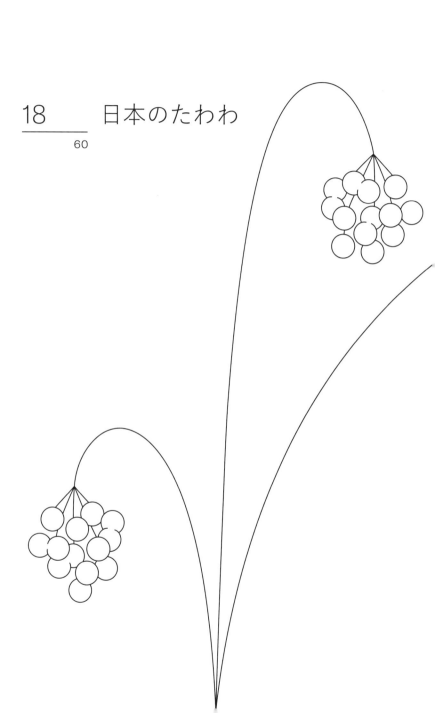

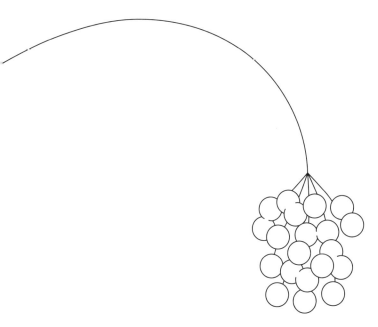

半島のじかん

かつて世界が船で結ばれていた時代、
情報や文化のアンテナだった半島。
飛行機による移動が主となった現在、過疎化・高齢化が進む
半島地域を日本列島の先にたわわに実る
豊かな資源として捉え直すプロジェクト。
2011年、2012年、2014年に東京で展覧会を開催。

半島の
じかん

2011 in TOKYO

「風景」「産物」そして「人」。
脚色していない素の半島の情報を再構築。

半島の多様性ある「食」をテーマとした展覧会「半島の台所」。

寄り反ってます

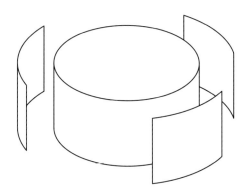

天理駅前広場 CoFuFun

> 「古墳」をモチーフとした駅前広場のためのサイン計画。
> 円弧に沿って湾曲させたり、樹木のように林立させたり……
> 単なる誘導を超えた、環境に寄りそうサインを通して、
> 風景そのものを和らげていく取り組み。

Table Cofun
テーブルコフン

ご利用時間: いつでもご利用いただけます

対象年齢: 誰でもご利用いただけます

守ってほしい事:
① アクロバットや危険な行為はしない
② ボールやスケートボード等で遊ばない
③ 落書きをしない
④ 火気を持ちこまない
⑤ ゴミは各自が持ち帰る
⑥ 早朝、深夜には騒がない
⑦ ゆずりあって使う
⑧ きれいに使う

※施設の異常やけが人を発見したときは
　お近くのスタッフにお声がけください。
※施設の不具合以外の事故の責任は負いかねます。

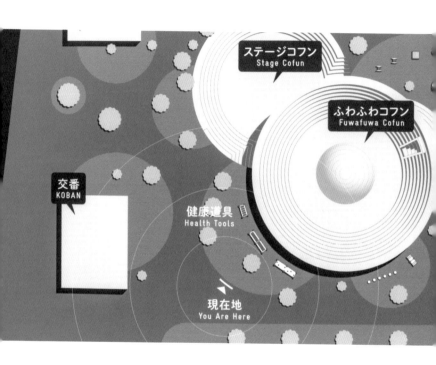

地図や説明ボードは、
建物の同心円上に寄りそうように配置。

20 美しい記憶、美しい記録

60

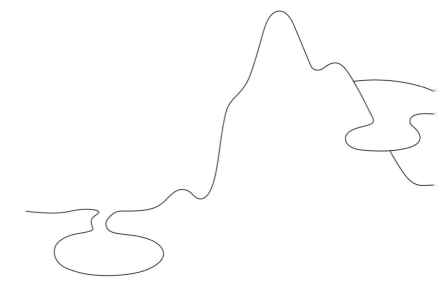

MOUNTONE

「訪日観光客に日本の山の魅力を
知ってもらいたい！」そんな思いから生まれた
「山のどこで、何に出会ったか」をより簡単に、
より美しく記録できるアプリの構想。
完成したログと動画はSNSで
世界中の人々に共有できる仕組みに。

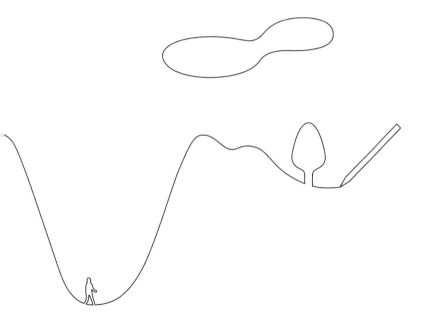

There is a tiny huddle.

12:42　5.99km

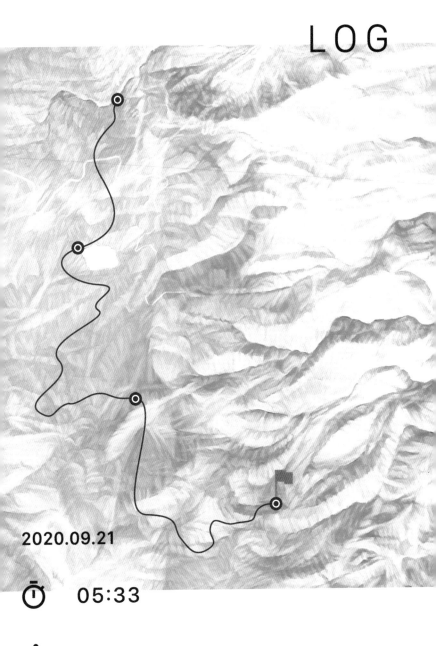

LOG

2020.09.21

05:33

16.9km

Journey to Mountain Nyu
by David Winson

Start to hiking for first time.
08:32 0.61 km

Quiet Shirakomaike
08:45 3.41 km

It's hard to imagine from the landscape of Tokyo, but Japan has always been associated with forests and lakes. In a country with many volcanoes, lakes have been created by past eruptions. It is said that Shirakoma-ike is the largest natural lake in Japan at an elevation of 2100m or higher. The infinitely quiet surface of the lake glowed with a mysterious light in the summer sun.

Forest here like green pool lol.
11:05 5.62 km

There is a tiny huddle.
12:42 5.99km

My mind became quieter and quieter.
14:05 8.32 km

I wonder how many deep breaths I have taken; it's August and the air is cool. Trees cover us like a roof, blocking out the sun. A world without sun all year round would be a moss paradise. A carpet of moss stretches as far as the eye can see. The owner of the mountain lodge said that there are 485 species of mosses living around Shirakoma Pond. It had rained a lot this year, so the mosses were said to be the most vigorous in the past few years. I looked down at my feet and saw little mosses dipping water all over the pond, talking to me animatedly. The trip made it clear that for the Japanese, the forest is a place where the gods live.

LOG

2020.09.21

05:33

16.9km

1,990m

TSUKUBASAN   One Day Trip   SOLO
Low-Height   Hot Spring   Easy to Hike

♡ 41,230

ADD TO COLLECTION

Recommended

Journey to Mountain Nyu
by David Winson

Start to hiking for first time.
08:32 0.61 km

Quiet Shirakomaike
08:45 3.41 km

It's hard to imagine from the landscape of Tokyo, but Japan has always been associated with forests and lakes. In a country with many volcanoes, lakes have been created by past eruptions. It is said that Shirakoma-ike is the largest natural lake in Japan at an elevation of 2100m or higher. The infinitely quiet surface of the lake glowed with a mysterious light in the summer sun.

Forest here like green pool lol.
11:05 5.62 km

撮影した写真と動画は位置情報とともに保存され、
数枚を選択すれば、1分の動画と世界に1つのログが完成。

犬はプラットフォーム

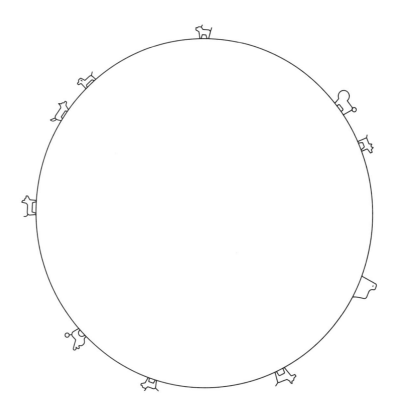

犬のための建築

全ての犬種は人間がつくったものである。
人の傍らに生きる宿命を負う犬たちの幸福を思う展覧会。
一方で、「○○○のための建築」という
建築の可能性を再考するプロジェクトでもあり、
世界の誰もが知る「犬」は、はじまりの一歩。

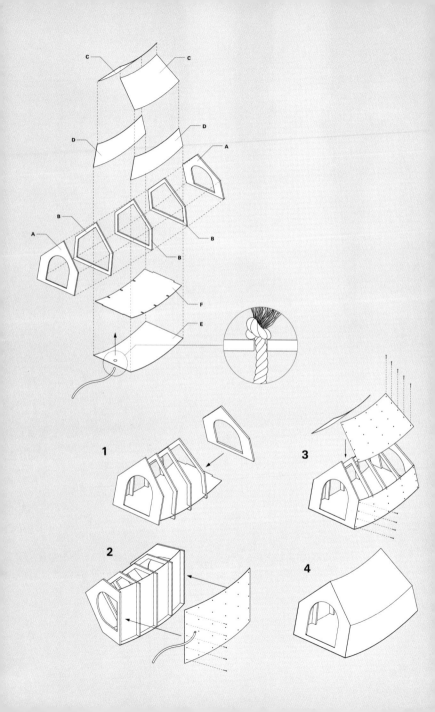

Webから図面をダウンロードし、誰でもDIYできる。

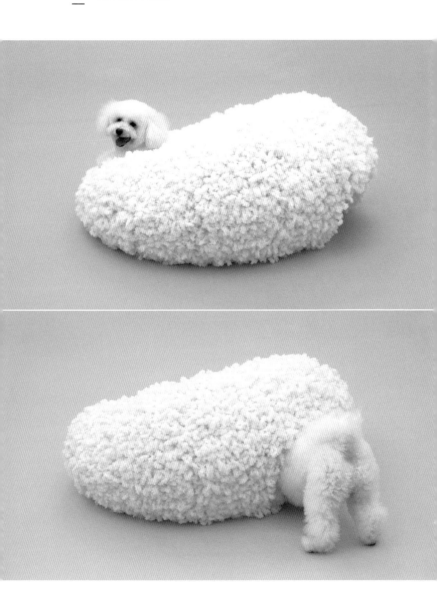

誰もが知っている「犬」は、建築を思考するプラットフォームに。

伊東豊雄、妹島和世、隈研吾、MVRDV、藤本壮介……
世界中の建築家が参加する。

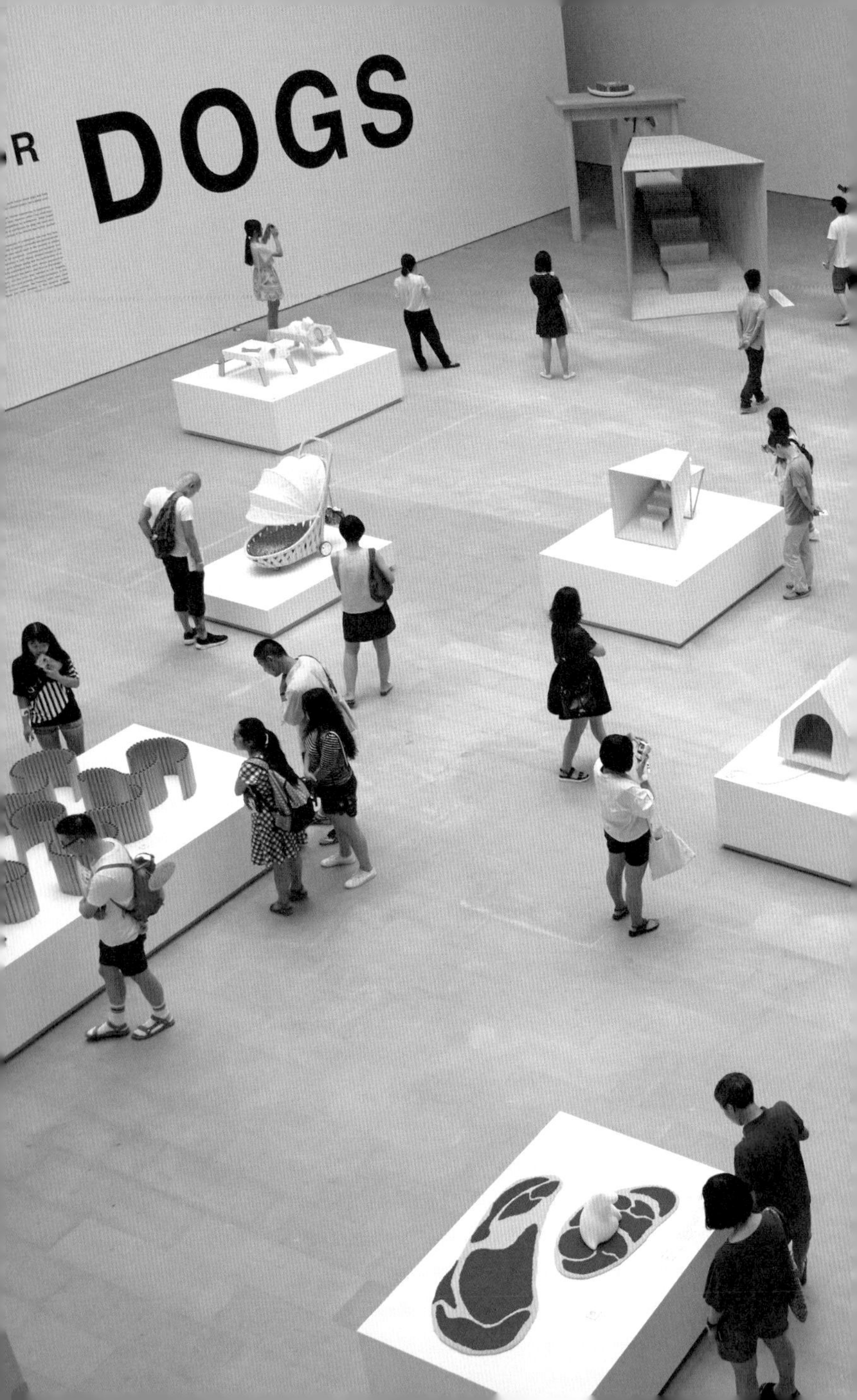
R DOGS

22 未来のカタログ

Toyota Image Creator

実物のクルマを店舗に置かずとも、
そこにまるで在るかのように、
無数のパターンから欲しい一台をリアルに再現できる、
新しいクルマのカタログの在り方をVISUALIZE。
スクリーン上でありながら、紙カタログ同等の
画像クオリティを担保している。

どの角度からでも美しく見える、
スチール撮影の技術が活かされたライティングと質感。

リアリティのある画像クオリティで、
カーコンフィギュレーターの、一歩先へ。

23　矢印を超えた矢印

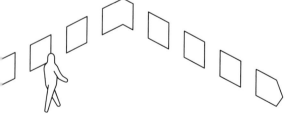

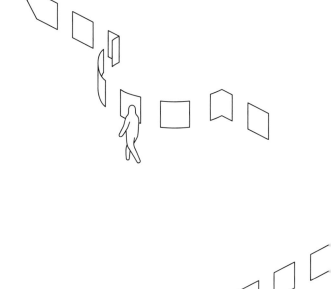

市原湖畔美術館

　　複雑に入り組んだ空間を個性と捉えたサイン計画。
　　誘導サインは角を跨いで展開。
　　敷地全体を点でつなぐ矢印自体が、
　　美術館のアイデンティティとして機能している。

道路表示のように直接プリントした白い点線が、
建築のラフな素材感を引き立てる。

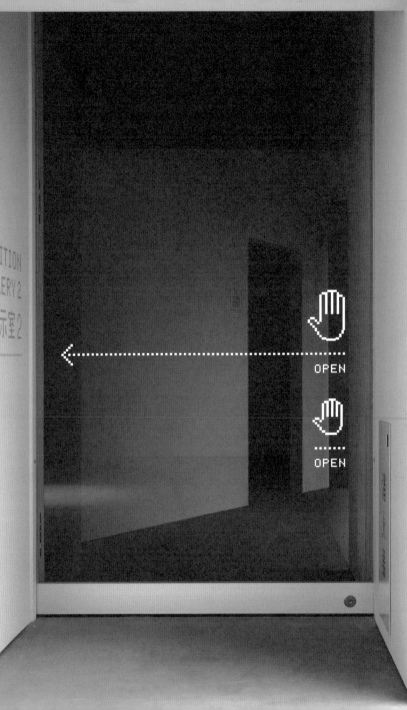

24

60

欲望から歴史をひもとく

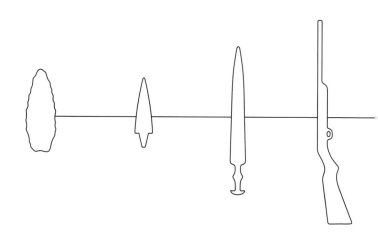

展覧会「新・先史時代―100の動詞」

ミラノ・トリエンナーレ美術館から要請を受け、
建築家アンドレア・ブランツィ氏と協働で制作した展覧会。
石器時代のはじまりから、AIのその先へ、
人類がつくる「道具」と、それによって生み出される欲望を
「動詞」として表現しながら、
壮大な人類史を全く新しいリアリティでVISUALIZE。

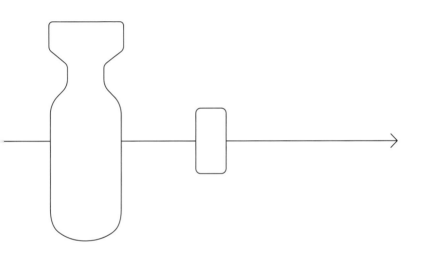

100 Verbs

100 Verbi

100の動詞

Exist	Hold	Destroy	Strike	Smash	Make	Kill	Polish
Esistere	Afferrare	Rompere	Colpire	Schiacciare	Modificare	Uccidere	Levigare
ある	持つ	壊す	打つ	潰す	つくる	殺す	磨く

Shoot	Fear	Worship	Spin	Hunt	Boil	Devour	Cultivate
Trafiggere	Temere	Adorare	Filare	Cacciare	Cuocere	Assumere	Coltivare
射る	畏れる	崇める	紡ぐ	狩る	煮る	食らう	耕す

Store	Share	Command	Sound	Condole	Love	Deify	Bedeck
Contenere	Condividere	Regnare	Suonare	Tumulare	Amare	Venerare	Ornarsi
溜める	分ける	命じる	鳴らす	弔う	愛する	祀る	装う

Fight	Reap	Inscribe	Navigate	Perform	Amass	Obey	Measure
Combattere	Recidere	Scrivere	Navigare	Recitare	Custodire	Sottomettersi	Misurare
戦う	刈る	記す	渡る	踊る	蓄える	服従する	量る

Barter	Carouse	Taste	Imbibe	Beautify	Copy	Whet	Orientate
Scambiare	Divertirsi	Gustare	Inebriarsi	Abbellirsi	Ricopiare	Affilare	Orientarsi
交換する	遊ぶ	味わう	酔う	めかす	写す	研ぎ澄ます	航海する

Improve	Build	Compete	Comprehend	Observe	Research	Fire	Cut
Ibridare	Costruire	Competere	Capire	Osservare	Ricercare	Sparare	Tagliare
改良する	建てる	競う	解る	観測する	研究する	撃つ	切る

Bookbinding scissors for librarians

Forbici per carta da libraio

考証のページ裁断用の鋏

c 1750

Cut

To sever and divide a continuous thing
using cutlery or scissors.
To divide fabric or paper by severing it
with scissors.

Tagliare

Dividere un oggetto in due parti,
utilizzando un utensile tagliente come
una lama o un paio di forbici.
Tagliare carta o stoffa con un paio di forbici.

切る

刃物や鋏を用いて、
連続しているものを
断ち分ける。
布や紙を鋏を用いて断ち分ける。

Think	Learn	Play	Move	Cherish	Work	Earn	Gamble	Accelerate
Pensare	Conoscere	Cantare	Spostarsi	Accudire	Lavorare	Guadagnare	Rischiare	Accelerare
考える	学ぶ	奏でる	移動する	慈しむ	働く	稼ぐ	賭ける	加速する

Pollute	Invent	Manufacture	Pilot	Annihilate	Slaughter	Attack	Despair	Surrender
Inquinare	Inventare	Produrre	Pilotare	Annientare	Sterminare	Assalire	Disperarsi	Arrendersi
汚染する	発明する	製造する	操縦する	抹殺する	虐殺する	攻撃する	絶望する	降伏する

Operate	Fascinate	Relax	Cook	Plan	Transmit	Expand	Trend	Intimidate
Operare	Affascinare	Rilassarsi	Cucinare	Progettare	Diffondere	Espandersi	Omologarsi	Minacciare
手術する	魅了する	くつろぐ	料理する	計画する	配信する	拡張する	流行する	威嚇する

Consolidate	Embellish	Travel	Commemorate	Celebrate	Overindulge	Recycle	Communicate	Condense
Elaborare	Sfoggiare	Viaggiare	Celebrare	Festeggiare	Drogarsi	Riciclare	Comunicare	Comprimere
集約する	洒落る	旅する	記念する	祝う	淫する	再生する	対話する	圧縮する

Shop	Automate	Imitate	Fly	Survive	Pretend	Deliver	Output	Restore
Acquistare	Automatizzare	Imitare	Volare	Sopravvivere	Fingere	Recapitare	Riprodurre	Ricostruire
買い物をする	自動化する	模造する	飛ぶ	生きながらえる	なりすます	配達する	出力する	修復する

Remote-operate	Scrutinize	Rely	Minimize	Self-organize	Visualize	Regenerate
Telecomandare	Indagare	Dipendere	Iperminiatu-riazzare	Coordinarsi	Immaginare	Rigenerare
遠隔操作する	精査する	依存する	極小化する	自己組織化する	仮想する	複製する

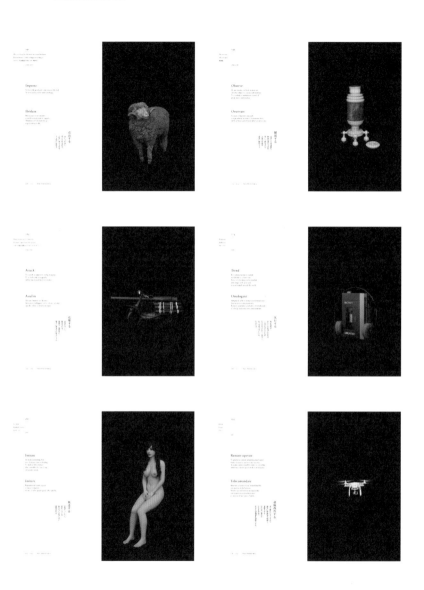

「モノ」と「動詞」の一対性が、展示から書籍まで貫通している。

素肌に訊く

mtm labo

西洋の化粧品の象徴が香水や口紅であるなら、
アジアの化粧品は素肌を澄ませていく方向を目指す。
「Your skin knows」をコンセプトに、
香港で生まれた基礎化粧品ブランドの哲学を
VI、パッケージ、店舗、広告、Webの全てを
横断しながらVISUALIZE。

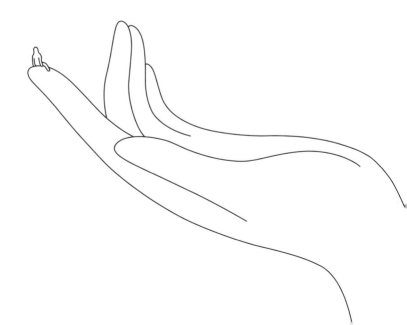

半透明の深い緑をベースカラーとして、背の高いスリムな形と、
どっしりとした形の二極をパッケージに展開している。

26 街をそろえる

色部義昭 WALL

都市の品格を表す「街区表示板」という
最小点の目印をリデザインすることで
街の様相はどう変わるのか?
色・書体・レイアウトがバラバラな
東京の街区表示板を再考するプロジェクト。

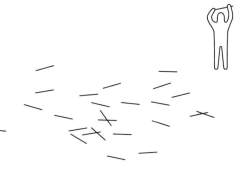

色部義昭：WALL　2015年9月2日[水]ー28日[月]

ギンザ・グラフィック・ギャラリー 第349回企画展
ginza graphic gallery The 349th Exhibition "Yoshiaki Irobe: WALL" 9.2.–9.28.2015
Exihibition Design by Irobe Design Institute. Type Design by Type Project Inc.
Printed in Japan by Dai Nippon Printing Co.,Ltd.

ggg

ginza graphic gallery, DNP Ginza Building, 7-2, Ginza 7-chome, Chuo-ku, Tokyo 104-0061

色部義昭：WALL　2015年9月2日[水]ー28日[月]

ギンザ・グラフィック・ギャラリー 第349回企画展
ginza graphic gallery The 349th Exhibition "Yoshiaki Irobe: WALL" 9.2.–9.28.2015
Exihibition Design by Irobe Design Institute. Type Design by Type
Printed in Japan by Dai Nippon Printing Co.,Ltd.

中央区
銀座七丁目
7
Chuo-ku
Ginza
7-chome
7

ginza graphic gallery, DNP Ginza Building, 7-2, Ginza 7-chome, Chuo-ku, Tokyo 104-00

銀座7丁目7

7-7, Ginza
Chuo City

銀座7丁目
7, Ginza

7-2

千代田区
丸の内3丁目5

3-5, Marunouchi
Chiyoda City

丸の内3丁目
3, Marunouchi

5-1

新宿区
歌舞伎町2丁目42

さっぱりしている「江戸前／簡素」	→	飾り
てきぱきしている「ちゃきちゃき／身軽」	→	軽め
あか抜けている「いき／洗練」	→	細身
活き活きしている「いなせ／快活」	→	抑揚

日本橋 ——

日本橋 ——

「東京の訪問者にとって分かりやすい街区
文字サイズに応じた適切なウエイトとコン
字面の大きさや字画の太さ、字幅、縦横
て筆画の強弱など、街区表示に最適な書
性を微細に調整。

東京シティフォント　Large

東京 銀

日本橋人形町 台

浅草 丸の内 歌舞

秋葉原 道玄坂 ブ

material: Ceramics
place: 35°40'14.7"N 139°46'11.3"E

material: Ceramics
place: 35°40'15.5"N 139°45'48.5"E

material: Stone
place: 35°40'13.9"N 139°45'40.8"E

material: Tile
place: 35°40'12.0"N 139°46'08.0"E

material: Tile
place: 35°40'06.8"N 139°45'58.4"E

material: Brick
place: 35°40'12.1"N 139°45'40.4"E

material: Wood
place: 35°41'03.8"N 139°46'58.1"E

material: Plaster
place: 35°41'08.2"N 139°46'57.1"E

material: Ceramics
place: 35°41'0...

material: Tile
place: 35°41'03.9"N 139°46'58.0"E

material: Wood
place: 35°41'09.2"N 139°46'56.8"E

material: Tile
place: 35°41'10...

自主提案の街区表示板を実際の街に投影し、
最小点から街の顔つきがどう変えられるかを検証した。

27 ただ、たんたんと

311 SCALE

東日本大震災のデータを、
「冷静」「明快」「正確」をモットーに
一貫した視覚言語でVISUALIZEし続けるプロジェクト。
混沌とする情勢下において、デザインは何ができるか?
デザインを生業とする集団としての回答。

VISUALIZE 60

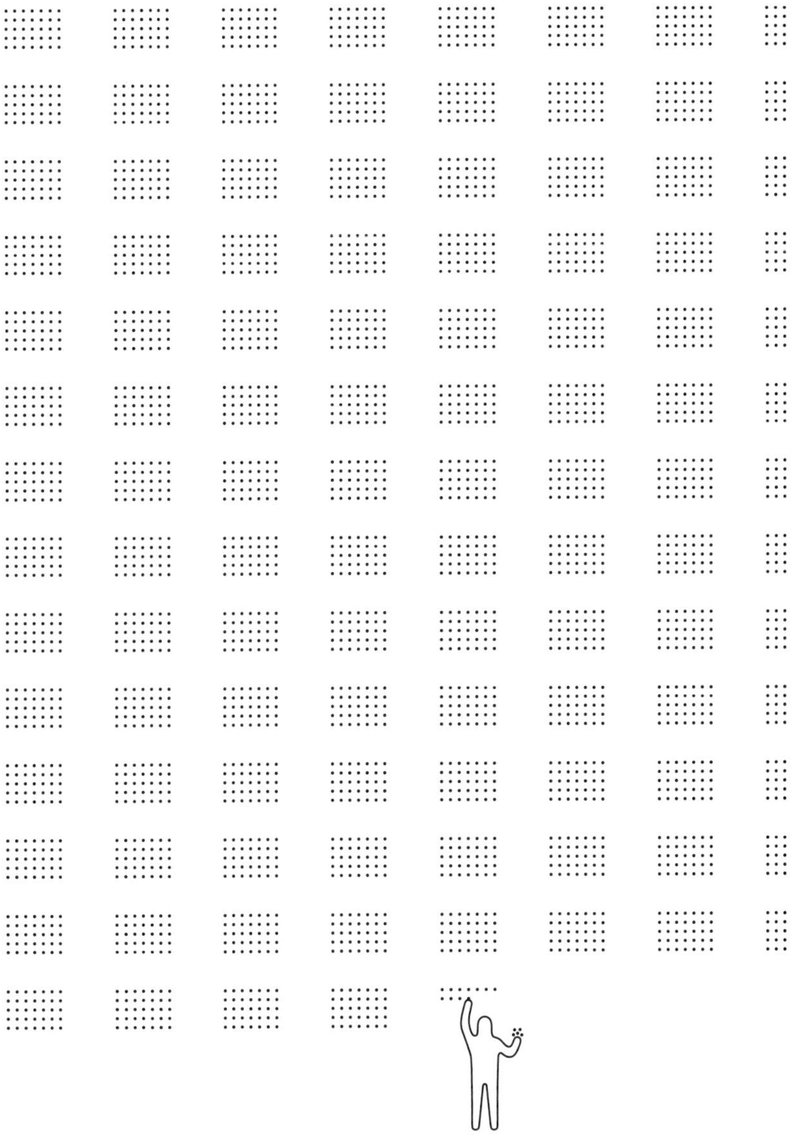

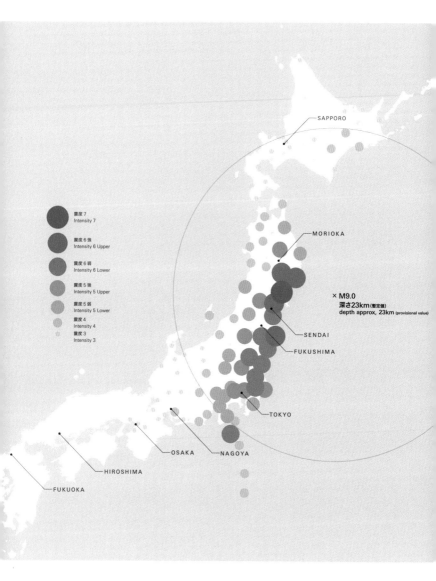

東日本大震災の被害状況を顕すデータの可視化の試み。

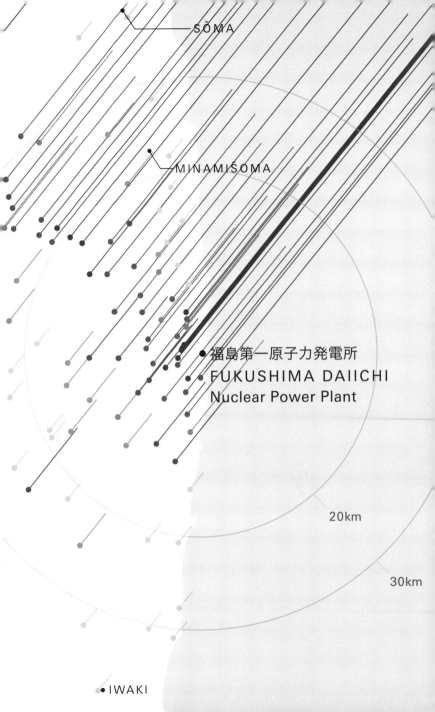

SŌMA

MINAMISŌMA

●福島第一原子力発電所
FUKUSHIMA DAIICHI
Nuclear Power Plant

20km

30km

●IWAKI

TOTOギャラリー・間では、
「311 失われた街」展（2011年）が開催された。

蔦屋書店

TSUTAYAから蔦屋書店へ。
創業当初の顧客世代であった大人たちと
もう一度向き合い、成熟や洗練を基軸にした
新たなマーケットをデザインを通して
つくり出していく試み。

ロゴタイプの更新はプロジェクトの象徴。
読みやすく簡潔な漢字ロゴに。

サインは、パンチングメタルをプレスした半透明の薄い構造体。
表からも裏からもくっきり視認できるシステム。

VIは、ロゴをドットの集合として粒子化することで展開。

どっちに進む?

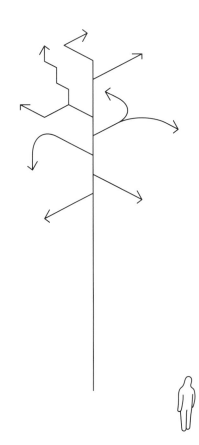

展覧会「続々 三澤遥」

あっちかな? いや、こっちかな?
正解も手法もわからないから、まずは手を動かし、
実験を繰り返し、試行錯誤しながら、探求を続けていく。
その末に生み出された、未知の可能性を
VISUALIZEした展覧会。

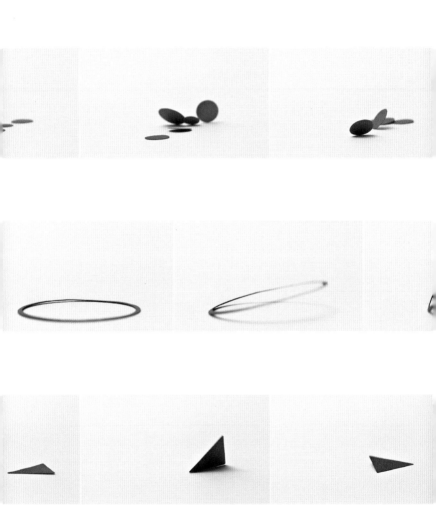

張り付く、集まる、覆う、起きる、縮む、揺れる……
金属の性質を携えた「紙」が動く。まるで意志があるかのように。

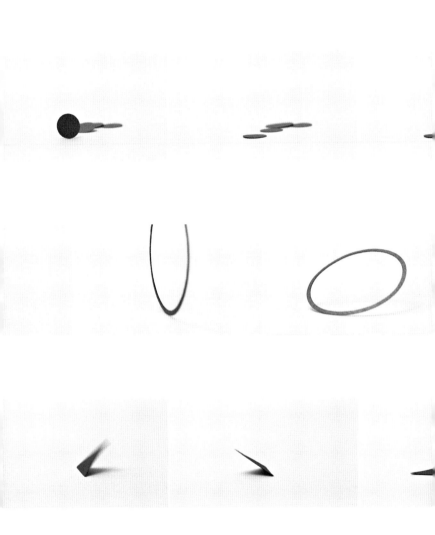

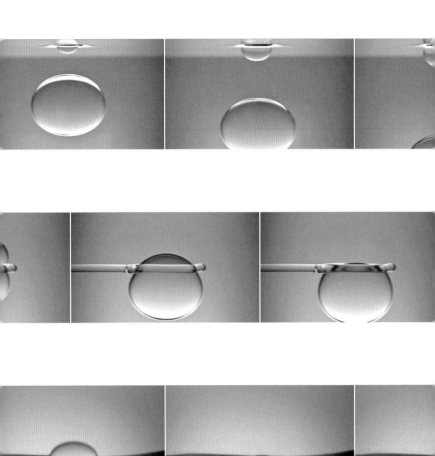

音もなく生まれ、静かに消えていく透明の球。
初めて遭遇した物質のように「水」を感じられる体験。

身近な世界の、見知らぬ世界。

続々と生まれる不思議や驚きは、また次のクリエイションへ。

サインは生きもの

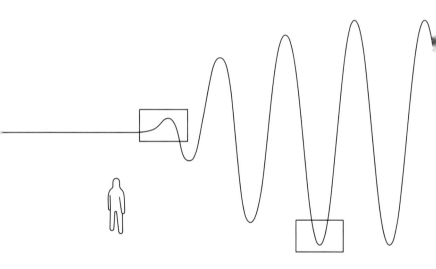

Goertek

中国を拠点に展開する、音響技術を駆使した
先端技術会社のサイン計画。
「音」から着想した書体は、音の周波や波形を表現し、
自らの形をダイナミックに変化。
Goertekの背景をVISUALIZEした書体とすることで、
ブランドの独創性を際立たせている。

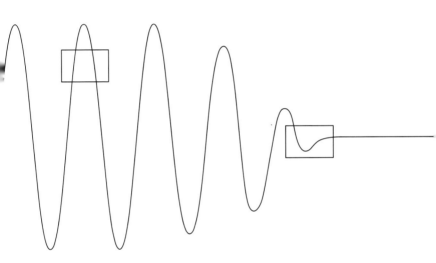

← CAFE

VI

← GALLERY

← RECEPTION

PARKING→

ENTRANCE→

ELEVATOR→

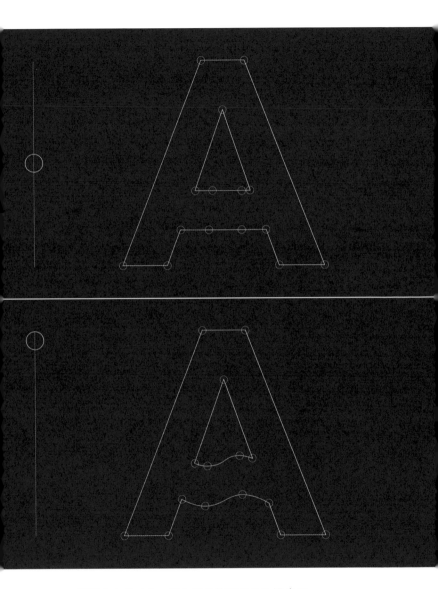

デジタルサイネージなどで使用される場合は、
周囲の環境音に反応してインタラクティブな動きも。

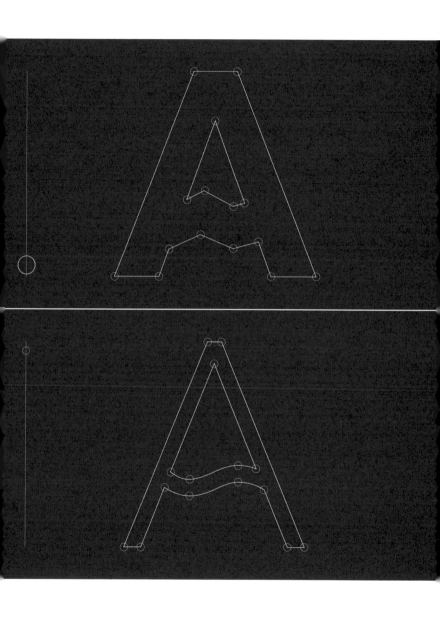

T-2

TOWER 2F
高层研发中心 2层

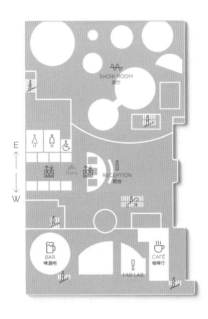

SHOW ROOM 展厅

RECEPTION 前台

- RECEPTION 前台
- ∿∿ SHOW ROOM 展厅
- CAFÉ 咖啡厅
- BAR 啤酒吧
- FAB LAB 微观装配实验室
- ELEVATOR HALL 电梯厅
- TOILET 洗手间
- ACCESSIBLE TOILET 无障碍洗手间

フォーマルからカジュアルなシーンまで。
サイン上でも活かされる、ヴァリアブルフォントの可変性。

→ TOILET 洗手间
ELEVATOR HALL 电梯厅

ART GALLERY 歌尔艺术画廊

SHOWER ROOM 浴间

RESTING ROOM 休息室

777 GAME HALL 游戏厅

A3

MEETING ROOM 会议室
LABORATORY 实验室
SHOWER ROOM 浴间

動物園は丸かった

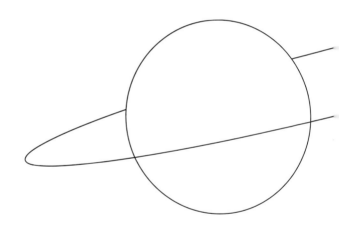

UENO PLANET

知っていると思っていた。でも、実は知らないことだらけ。
上野動物園の秘めたポテンシャルをVISUALIZEする試み。
鳥の目で眺めれば、動物園は、
未知の惑星に例えられそうなほど豊か。

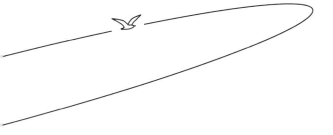

UENO
PLANET

森がしげる　山がそびえる　池がひろがる　川がながれる

獣がはしる　鳥がとぶ　魚がおよぐ　虫がはう

無数に息づく　生きものたち　ここは都会の　未知なる惑星

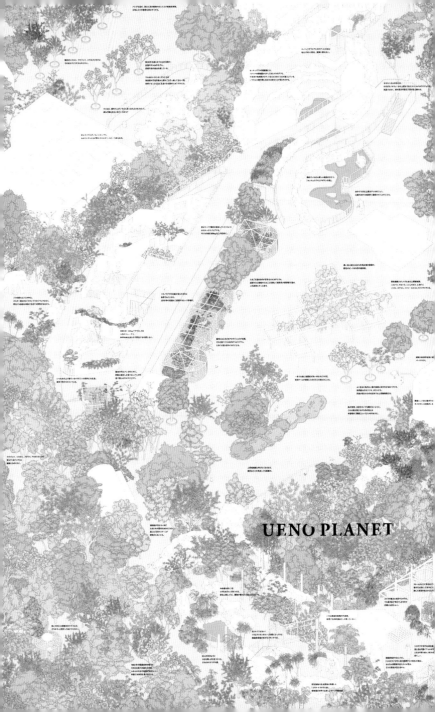

UENO PLANET

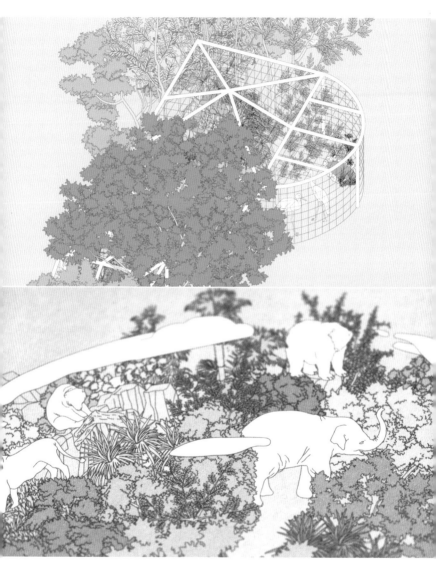

動物園に潜む知られざるポテンシャル。

微細な線の積み重ねによって、一枚の絵の中に集約。

じぃっ

永井一正 LIFE

一枚のポスターを通した、生命と生命の対峙。
全ての生物にとって最も重要な「生命」をテーマに、
自分自身を裏切り、人の期待を裏切ることを矜恃として、
常に新たな表現方法に挑み続ける
永井一正によるライフワーク。

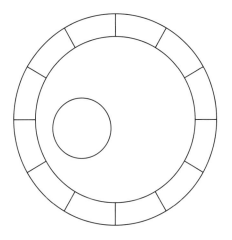

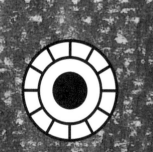

日本デザインセンター13階。
目が合うたびに、勇気をもらう。

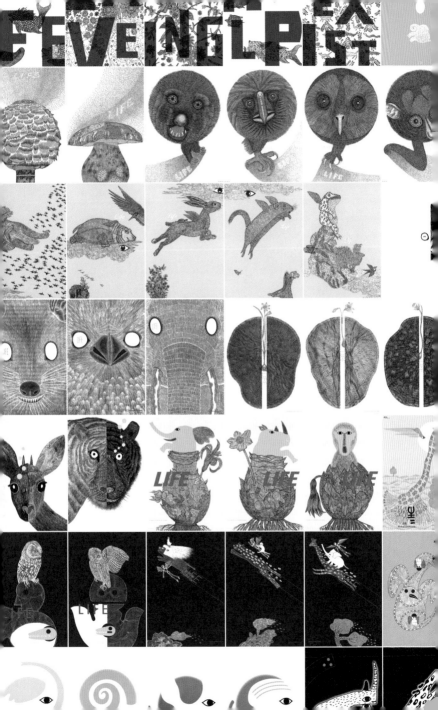

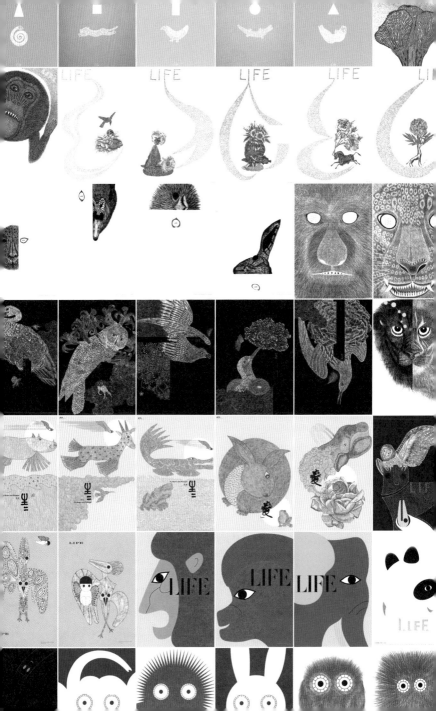

いろんな日本、いろんな私

EXPERIENCE JAPAN PICTOGRAM

「あ、こんな日本もあったんだ」「こんな体験もできるんだ！」
訪日観光客をターゲットに、
従来より一歩深いピクトグラムの開発を通して、
日本の奥深さ、多様性を発見してもらう構想。

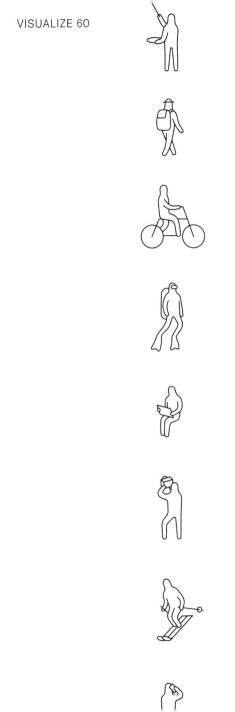

「食」「自然」など、7つのカテゴリーに分類。
各々を掘り下げ、日本を高解像度化したピクトグラムへ。

ピクトグラムは、日本を知るための装置。

STEP 1
賽銭箱に賽銭を入れて
鈴を鳴らす

STEP 1
賽銭箱に賽銭を入れて
鈴を鳴らす

STEP 3
二拍手したあと、
手を合わせて祈る

STEP 3
二拍手したあと、
手を合わせて祈る

日本独特の習慣やマナーを学べる、モーションピクトも。

STEP 1
賽銭箱に賽銭を入れて
鈴を鳴らす

STEP 2
姿勢を正し、深く二礼する

STEP 4
再び深く一礼する

STEP 4
再び深く一礼する

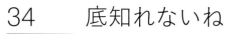

底知れないね

TAKAO 599 MUSEUM

山の価値は、高さだけなのか?
東京都八王子市、標高599m。
高尾山の底知れない自然の魅力を
「アート」「サイエンス」「ヒューマン」をテーマに
ミュージアムという器の中でVISUALIZEする試み。

TAKAO
599
MUSEUM

ここは、「自然は面白い!」と発見してもらう、好奇心の入口。

NATURE WALL

展示物のディレクションや建築空間の提案など、
全アイデンティフィケーションを担当。

スミレ

タカオスミレ
高さ ……… 10cm
季節 ……… 4
コース …… 1 番

エイザンスミレ
高さ ……… 10〜15cm
季節 ……… 3〜4
コース …… 1〜4 松 薬

スミレ
高さ ……… 7〜10cm
季節 ……… 4〜5
コース …… 1〜

ナガバ
高さ
季節
コース

1号路 表参道コース
Trail 1 / Omotesando Trail

高尾山の自然と歴史
Nature and History of Mt.Takao

途中までケーブルカーやエコーリフトで行けるので、
山道に慣れていない方におすすめです。
The trail 1 is recommended to be

	3.8 km
ケーブルカー Cable	60 min
リフト Chair Lift	70 min
徒歩 on	

599

31°18'
日本一のケーブル
No.1 C No.1 Cable Car in Japan

むっさんの 高尾山マナー講座
Mt. Takao Hikers' Manners

113
113
112
112
111
110
109

④

動植物を大切にする
Do not disturb wildlife or plants.

⑦

599
GUIDE

山の情報はただ伝えるだけでなく、ユーモアを持って。

文字から街をつくる

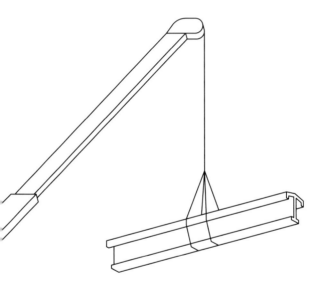

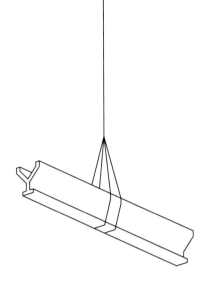

TokyoYard PROJECT

車両基地跡地につくられた
JR山手線の「高輪ゲートウェイ駅」周辺エリアの
ブランディングプロジェクト。
立ち上げ当初から、デザインも並走。
末端の情報まで表示できる文字を
街づくりの最小パーツと捉え、
街の個性を隅々まで行き渡らせる試み。

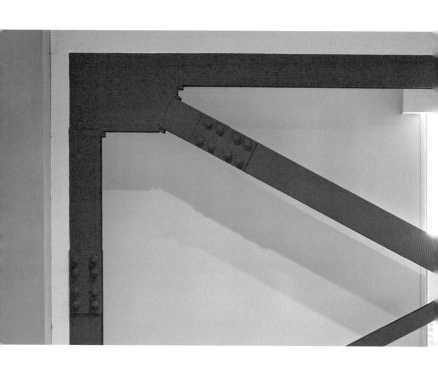

ヤード（車両基地）を想起させる金属ブレースを
モチーフに書体を開発。象徴的な錆止め色をキーカラーに。

TokyoYard
Regular &
Italic

Regular
ABCDEFGHIJKLMNOPQRSTUVWXYZ
abcdefghijklmnopqrstuvwxyz
→

Italic
ABCDEFGHIJKLMNOPQRSTUVWXYZ
abcdefghijklmnopqrstuvwxyz
→

Figures & punctuation
1234567890□ ☑ ←↑→↓↖↗↘↙©.,!¡?:;*…
&%$¥@•#m²/\(){}□""''

サインの取付金具は敢えてカバーを装着せず、
未完成なままで。ヤード感を細部にまで込めていく。

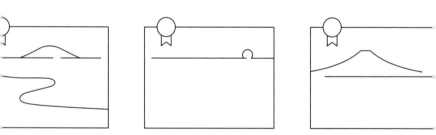

国立公園

決まったアイデンティティを持たなかった
全国34箇所に点在する日本の国立公園の価値を
VISUALIZE。日の出の瞬間とリボン形状を
モチーフとした専用マークは、写真や看板に配置すると、
景勝地が表彰されたかのように。

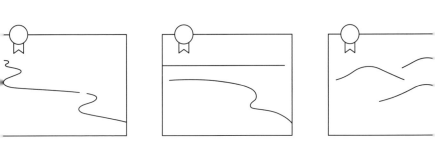

気品ある専用書体が、
日本の自然の美しさを静かに伝える。

ちょいとモニターの中まで

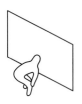

TVアニメ「アルドノア・ゼロ」

デザインは、現実世界だけのものか?
エンターテインメントコンテンツを
グラフィックデザインの面から支える取り組み。
作中の世界に登場する膨大なヴィジュアルの品質を
一貫したデザインでコントロールしている。

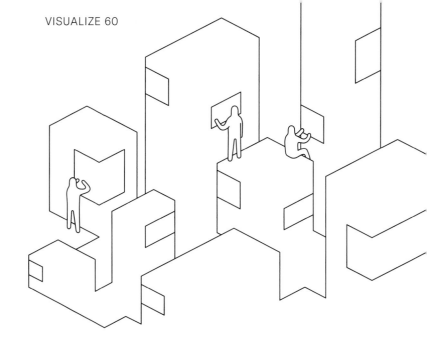

CONSOLE NUM　502

PLAY ALL

CHAPTER	EP13	"眠れる月の少女 -This Side of Pa
		A-PART　B-PART　OPENING
	EP14	"異星の隣人たち -The Beautiful a
		AVANT　OPENING　A-PART　B

SPECIAL	**TEXTLESS OPENING "&Z"**
	TEXTLESS ENDING "GENESIS"
	COURS 2 PV　**01**
	COURS 2 CM　**01 02 03**
	WEB予告　　**14 15**
	「アルドノア・ゼロ」特番 "ALDNOAH.ZERO EX

OPACITY

VOLUME

ALDNOAH.ZERO 6　　LET JUSTICE BE DONE, THOUGH THE HEAVEN'S FALL.

タイトルロゴから、劇中のテロップ、
ディスプレイ内のグラフィックに至るまで。

EARTH ◯ REALTIME

ed-"
ENDING

CHIVES"

アルドノア・ゼロ
ALDNOAH.ZERO

LET JUSTICE BE DONE, THOUGH THE HEAVENS FALL.

∧-Z

CONSOLE NUM
502
LANDING CASTLE X
ATLANTIC OCEAN
LANDING CASTLE X
OPACITY
35/100
VOLUME
75/100
SEARCH ELEMENT
UTILITY
REFRESH PANEL
ROTATE PANEL
QUIT TASK
SETTINGS
LANGUAGE
SENSITIVITY
SECURITY
TIME AND DATE
CONTROL
NETWORK
SOUTHERN OCEAN
TACTICAL VISIOR
FACILITIES
TRANSFER

EARTH | REALTIME

ARCTIC OCEAN

EURASIA

CONFLICT
CONFLICT
CONFLICT
CONFLICT
CONFLICT
CONFLICT
CONFLICT
CONFLICT
CONFLICT

DISTANCE | INCLUDE GEOID
384,400±323K

COLORING | RED=CAPTURED
BLUE=HOSTILE

LATENCY | 1.3345SECOND

SCALE | 1GRID=2000K
PANEL-FIT

PACIFIC OCEAN

LANDING

INDIAN OCEAN

TR

NEL | WIRELESS
WIRED

VISUALIZE MODE | FLIR+OPTICAL
3D RENDERING
2D MAPPING

PROJECTION | MERCATOR
MOLLWEIDE
PLATE CARREE

INFORMATIONS | VISUALIZER | PROCESSOR

ディテールのつくり込みが、物語にリアリティをもたらす。

これが、辛口

ASAHI SUPER DRY
グローバルブランディング

前例のない全身シルバーの顔つき……
「辛口」という世界初の概念をVISUALIZEした
ドライビールのパッケージデザインから数十年。
日本から世界へ、辛口という価値を正しく伝え、
世界のマーケットでプレミアムビールとしての
認知獲得を目指すプロジェクト。

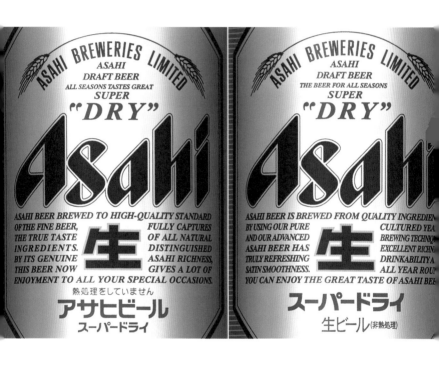

1987年の発売以来続く、細部にわたるリファイン。

変わらぬ存在感は、時代と国境を越えて。

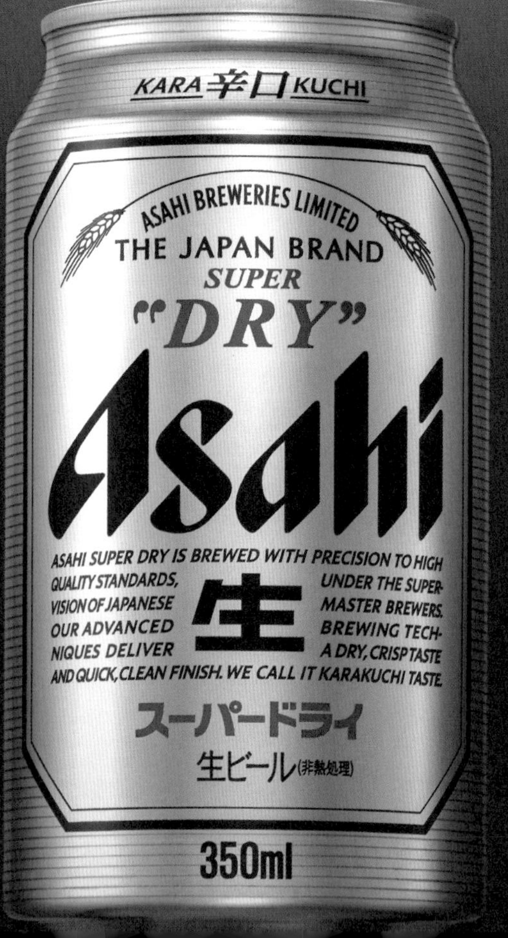

辛口のキレを体現した専用フォントを開発。
世界中のタッチポイントで、ブランドイメージを統一する。

ASAHI SUPER DRY ORIGINAL FONTS

Asahi Super Dry Is Brewed With Precision To High Quality Standards, Under The Supervision Of Japanese Master Brewers. Our Advanced Brewing Techniques Deliver A Dry, **Crisp Taste And Quick, Clean Finish. We Call It Karakuchi Taste.**

DISPLAY FONTS

ASD Display Regular

TEXT FONTS

ASD Sans Light
ASD Sans Regular
ASD Sans Bold

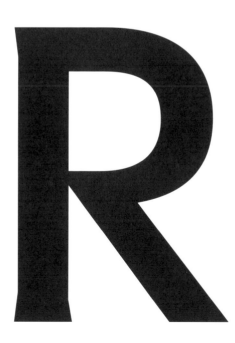

大柵欄

Googleをグローバルリーダーとするならば、
大柵欄はローカルリーダー。古き良き北京の街並みが
残る地区「大柵欄」にある建物群を三次元データとして作成。
街の様子をあらゆる角度から覗けるアプリ等を通して、
訪れた人々が歩き回りたくなるような能動性を与える試み。

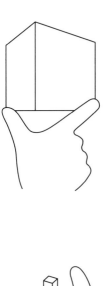

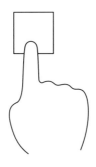

54 Hands-on Film and Design: Workshops and Talks

スワイプ、ピンチ、タップ……。バーズアイ、ストリートビュー。
街の様子をあらゆる角度から知ることができる。

歩き回りたくなるような能動性を与える
「鳥瞰地図」がサインの基軸。

スーパークリーン

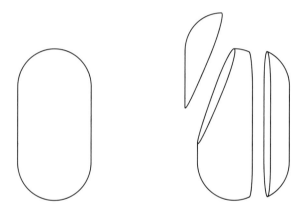

LIXIL 公衆衛生陶器

清潔な日本のトイレが、
さらに「頭ふたつ」抜けた清潔な存在となるように。
機器のみならず、それらが生み出す空間を視野に入れた
パブリックトイレの新しいスタンダードをつくり、
日本の公共空間のホスピタリティを底上げする試み。

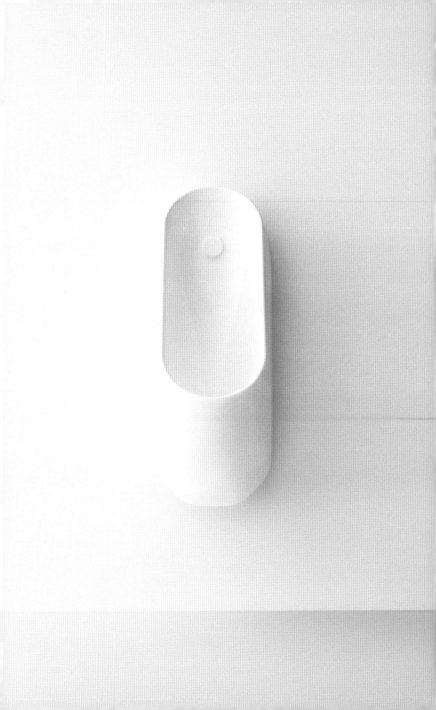

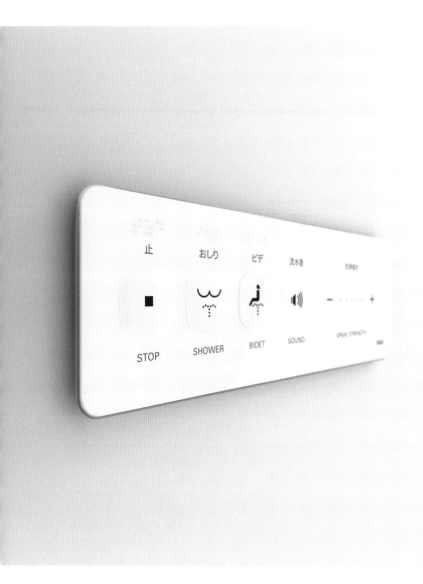

タイルパネルのフラットネス（平滑さ）も清潔さの要点。
日本のプリンシプル「緻密、丁寧、繊細、簡潔」をVISUALIZE。

もしも魚が

waterscape

水中は、「重力」とは反対の「浮力」という
上向きの力が作用する特殊な環境。
そこに棲息する生きものの行動や生態に焦点を当て、
「もしも水の中が〜だったら」を
想像するところから始まったプロジェクト。
生きものの環境をゼロから探り直し、
未知の風景として再構築することを試みている。

「鑑賞」する水槽から、「観察」する水中風景へ。

象ガメの重さを感じに行く

無印良品 企業広告「自然、当然、無印。」

「独創と進化」という、無印良品とガラパゴス諸島の
生物の類似性を重ね合わせ、島を巡る旅となった企業広告。
Webを通して旅を追体験できる仕組みを構築し、
一方的なメッセージに終始せず、消費者と一緒に
「幸せの本質」を考える新しいブランドコミュニケーション。

9日間のガラパゴス諸島の旅を、順路・時系列に合わせて、
追体験できるWebサイト。

日本へ潜ろう

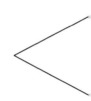

JAPAN HOUSE

外務省の対外発信拠点事業「JAPAN HOUSE」。
拠点施設は、ロンドン・ロサンゼルス・サンパウロの3都市。
「いかに日本を知らなかったか」
静かで深い衝撃を通して、
日本への新鮮な興味を喚起する試み。

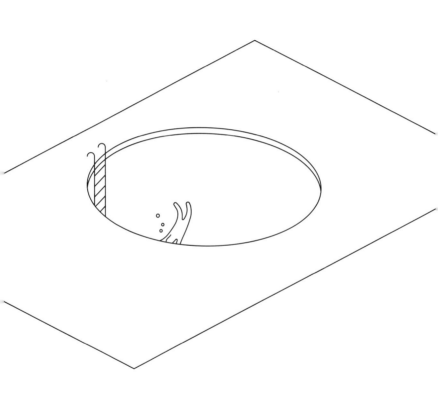

「一」の文字をかたどったシンボルで
複合的なプロジェクトを止揚しつつ束ねる。

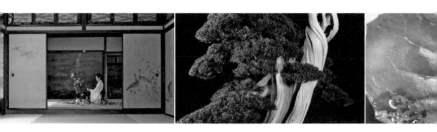

日本のことなど生まれてこのかた考えたことがない
世界のマジョリティに向けて。

日本を理解するための文脈が
展示、物販、食、蔵書を介して、丁寧に紹介される。

デザインのむきだし

DESIGNING DESIGN

デザイナーは、本の装幀をするだけか。
作品集という名の本を出すだけか。
デザインをするだけでなく、デザインとは何か?
原研哉は、自らのデザインに対する理解を深めるべく言語化し、
一冊にまとめることもデザインと考える。

DESIGNING DESIGN

KENYA HARA

Lars Müller Publishers

디자인의 디자인
**DESIGNING
DESIGN**

Special Edition

하라 켄야 지음
KENYA HARA

민병걸 옮김

**DESIGNING
DESIGN**

原研哉
设计中的设计｜全本

KENYA HARA

原研哉

**DESIGNING
DESIGN**

原研哉
現代設計進行式

KENYA HARA

原研哉

譯者 張英裕

**DESIGNING
DESIGN**

デザインのデザイン
Special Edition

KENYA HARA

原研哉

**DESIGNING
DESIGN**

KENYA HARA

DESIGNING DESIGN

KENYA HARA

英語版を基本とし、日本語、中国語簡体字、
繁体字、韓国語と多言語化されている。

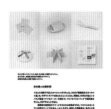

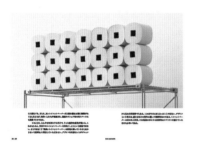
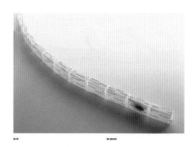

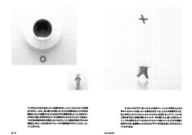

デザインをするだけでなく、デザインの考えをまとめている。
作品集とは異なる、デザイナーの本である。

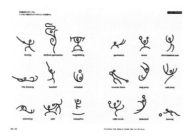

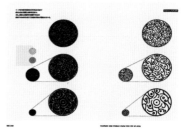

人と花の共生

The Art of Bloom

人と花の特別な関係性に焦点を当てた、
インタラクティブな展覧会。
様々なテクノロジーで五感を刺激し、
来場者はこれまでにない方法で、
「自然」とつながることが可能に。

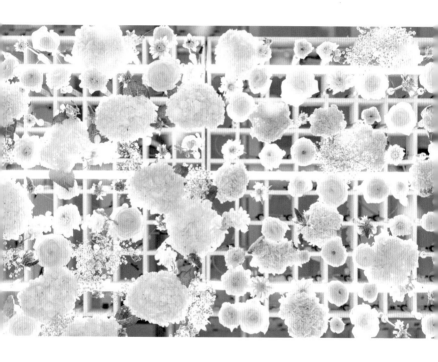

本物の花とデジタルを融合した、インスタレーション。

視覚だけではない、多感覚のエクスペリエンスへ。

AR技術による自然現象のVISUALIZEも。

美美美ッ

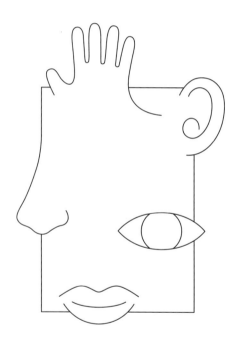

武蔵野美術大学

創作活動の場である
美術大学ならではの顔つきをつくる取り組み。
「膨張／拡散」「凝縮／醸成」「融合」
「五感」「個性」など、創作意欲を刺激する
言葉なきメッセージを一枚のポスターにVISUALIZE。

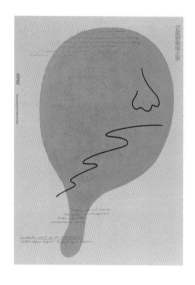
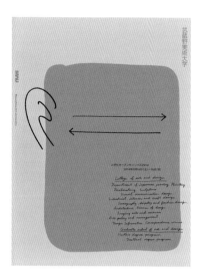
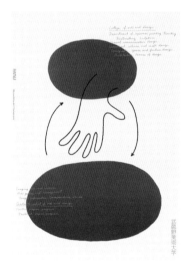
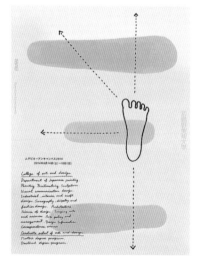

自らの体験全てを信じて創作に励んでほしい……

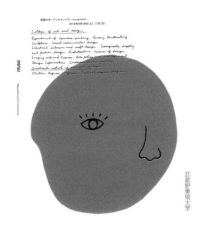

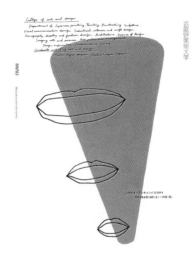

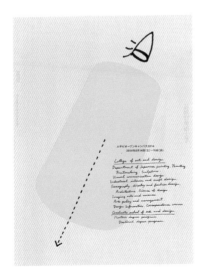

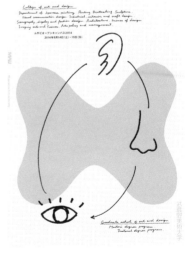

その思いを込めて、2014年のテーマは「五感」。

CYQL PROJECT

「環境への意識が高まる時代、
捨てることに後ろめたさを感じない、
捨て心地のいい容器があったらいいのに」
そんな着想を出発点に、「捨てる」という行為を
前向きに見つめ、人とゴミ、ひいては
環境とのより良い関係を考える構想プロジェクト。

CYOL
PROJECT
BY NIPPON DESIGN CENTER

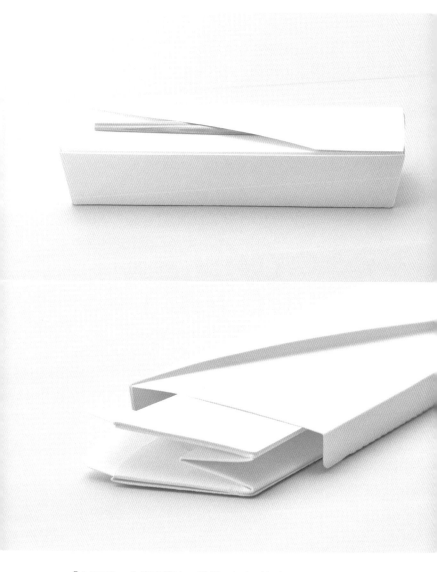

「市販用の弁当容器」の構想。かさばらないフォルムと、
分別不要な同一素材製で、ストレスなくゴミ箱へ。

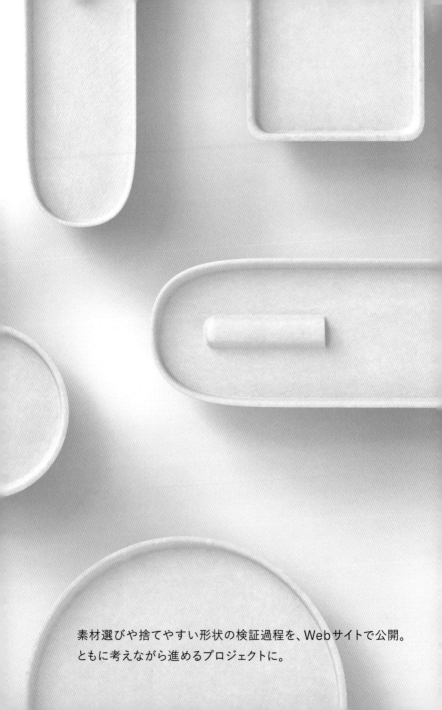

素材選びや捨てやすい形状の検証過程を、Webサイトで公開。
ともに考えながら進めるプロジェクトに。

▶ PLAY VIDEO

PROJECT
01.

捨て心地のよい
お弁当容器

折り紙のように折りたたんでコンパクトに捨てられる、紙製の使い捨て弁当容器です。
食事が終わったら箱をたたみ、ケースのようになっている蓋に収めることで、小さくまとめて捨てることができます。
従来の弁当容器は、そのまま捨てるとゴミ箱の中でかさばってしまうという不快感や、複数の素材からなる分別の複雑
さがありました。それらを軽減するために、シンプルなフォルムと収納機能からゴミを減量化できる容器を考案。使っ
ている間から捨てる瞬間まで心地よく、スムーズな所作を引き出すことを目指しました。

飲食店の持ち帰りやデリバリーが増え、弁当容器の需要も増加。そして、同時に使い捨て容器の廃棄量の肥大化も懸念
されています。ゴミをなるべく減容し、穏やかな廃棄を生み出すことで、新しい生活に適した食事体験をつくります。

PRODUCT
IMAGE

01

02

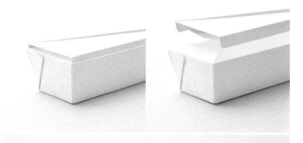

03

家庭ゴミにおける容器包装の割合｜容積比率

中食市場のカテゴリー別構成比

弁当容器の素材比較

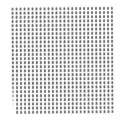

エコバッグのLCA比較

小売業における容器包装の使用量と素材構成

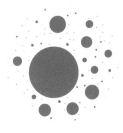

世界の河川におけるプラスチック排出量

プロダクトの制作・リサーチ過程で得た知見的データは、
インフォグラフィックスとしてVISUALIZE。

高級の風景

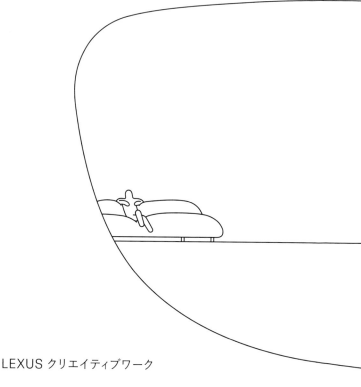

LEXUS クリエイティブワーク

「驚きと感動の体験」を創造するライフスタイルブランドへ。
トヨタ自動車の高級車ブランドLEXUSの世界観を
VISUALIZEする取り組み。クルマだけでなく、
その向こう側にあるラグジュアリーな暮らしを描き、
オーナーとなる歓び、期待感を醸成している。

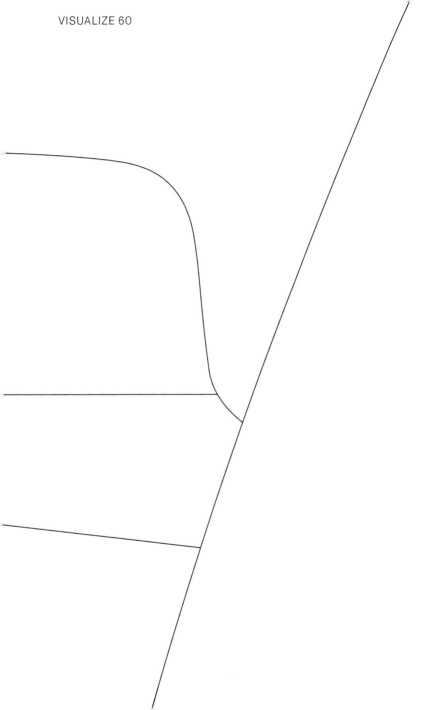

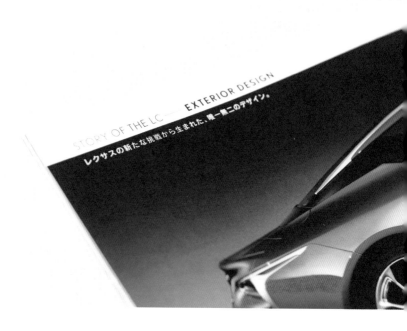

LEXUSならではの「体験」と「モノがたり」を一冊に。

日本人が忘れた日本

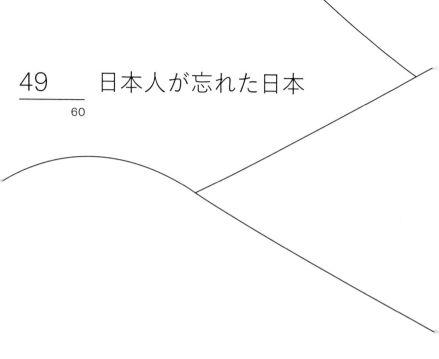

日本遺産 人吉球磨

小説家・司馬遼太郎が「日本で最も豊かな隠れ里」と称した、
熊本県南部・人吉球磨地域のVISUALIZE。
鎌倉時代から約700年間、単一領主による統治が
行われたため、文化財が損なわれることなく、
今も暮らしの文脈の中に存在している。

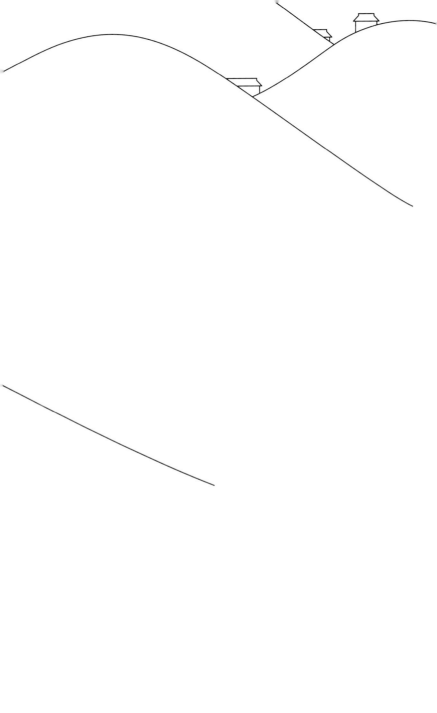

逃げてらっしゃい。日本の隠れ里へ。

つかる
Soaking

温泉につかる、地元につかる。

温泉街の形にいい、せせらぎの音を聞きながら
温泉が楽しめる旅館が充実しています。
人吉温泉は戦国時代の相良氏の入浴記録が残る歴史があり、
城下町として知られた温泉地。
市内には銭湯も多く点在する温泉地で、
入浴料も手頃な一回二〇〇〜三〇〇円で
立ち寄れる銭湯が二、三十軒以上。
「銭湯の湯巡り」のようなです。地元の
和風情緒漂うレトロな雰囲気のなかで
まるでタイムスリップしたような、
ドラマな湯巡りにいっしょに浸かれば、
興味深い話が聞けるかもしれません。

Soak in an onsen,
soak up the atmosphere

Along the Kuma River, there are many ryokans where you
can relax in an onsen bath while listening to the babbling of
the river. Hitoyoshi Onsen has a long history, with records
showing that the first onsen facility was constructed by the
Sagara family during the Sengoku period. Around the city,
there are some thirty public bathhouses where you can bathe
for about 200 or 300 yen, giving Hitoyoshi its reputation as a
castle town with public baths. These baths are one of the
places where the local seniors go to relax. You can slip into an
old-fashioned bath with the locals and experience something
of a timeslip as you soak, listening to their fascinating stories.

ひたる
Steeping

まさか、お米を焼酎につかうなんて。

かつて、贅沢品とされた米を造れられたのは、
米が貴重な嗜好品であった時代に、
身分を問わず誰もが焼酎に酔いしれた
広く飲まれていたのでは。「球磨焼酎」。
米を焼酎にするための、原料を支える
造り続けてきたと考えると、
人吉球磨は古くから栄えたところで、
あったことがうかがえるなど。する証拠も
地元の繁栄を物語る人吉の米。「焼酎好き」
残っている銘柄があったりと、
風変わりなどからうかがえ、相良藩
独特の焼酎愛を示すものです。

Rice for shochu?

Other clans were probably surprised at the choice of rice for
making shochu at time when rice was an expensive luxury
item. Nevertheless, even in those days, a broad range of
people of all social standings enjoyed Kuma Shochu. Since
there was enough rice to turn some into shochu, and ordinary
people were able to partake, Hitoyoshi Kuma must have been
a prosperous rice-producing area from long ago. And even the
local graves provide evidence. Some are inscribed with pos-
thumous names that suggest a keen drinker, and others are in
the shapes of bottles or cups—shochu graves that tell of a
strong love for shochu.

接近する
Closing in

こんなに近づいて
いいのでしょうか。

その距離、数センチ。しかも人とのイストとの間に、ガラスなどはありません。

ここではごく中世の仏像が、今も日常のなかに生きています。歩いていれば出会うのは当然のこと。道ばたのお堂の片すみにひっそりと、平安時代から受け継がれてきた仏像が立っているのだ、というふうにです。

由緒ある文化財であっても、地域の人びとにとっては身近な守り神。檜原村に仏像と神々、そして人びとが暮らしています。信仰とは、こんなに身近に抱きしめているものなのです。

Surprisingly accessible
——take a close look

You can get so close that you're looking from only a few centimeters away. And with no glass screen in between! Here, medieval statues are still a part of everyday life. If you walk around, you come across them as a matter of course. The Buddhist statue standing quietly in a small hall at the side of the road may have been made as long ago as in the Heian period. Statues like these are precious cultural properties, but to the local people paying their respects every day, they are also essential protectors. In Hinoyoshi Kuma, gods, Buddhist figures, and ordinary people all live together in the same towns and villages. Faith is considered something to be addressed at close hand.

京都や奈良では拝めません。

中には、村の仏師が彫ったと伝えられるものも。そのおだやかな表情や素朴な味わいが、かえってありがたさを感じさせてくれます。

地元では馴染まれるお顔で、「おかおさん」と呼ぶところも。あまり他では拝めないので、ご神体として秘仏にされているものが多くあるのです。そのため、拝観できる機会はめったになく、なかなかお目にかかれません。

運がよければ出会える「五日市郷土館」や「桧原村郷土資料館」の特別展示を、見逃さないようにしたいものです。

Statues not seen in Kyoto or Nara

Some of the statues are said to have been carved by the village sculptors by watching and imitating other producers of Buddhist images. The plump faces and peaceful expressions of these images somehow convey friendliness and approachability. They are a precious presence that cannot be found elsewhere. For fans of Buddhist statues, these are "anax." Because they are taken care of by the local people, there are many days when a hall is not opened up. Consequently, the chances of seeing a particular statue may be very small. However, if you are lucky, you may be able to catch it in special displays organized by Himoria Torince Itsukidani in Inaski or by The Yuman Museum in Yamat.

茅葺きの理由。

鎌倉幕府の命により、新羅から檜原を治めるためにやってきた杉家。先進的な姿勢で新しい技術や文化を受け入れる一方で、伝統的なものも大切に守り続けた。その心のありようが、寺社の建物にも表れている。彼らは寺院や神社の建物を丁寧に守り、世に広めることに努めた。これをに工夫した屋根の構造は、その後も茅葺きの美しい佇まいを守り続けてきた。檜原村の寺社建築は、日本の他の地域では姿を消しつつある茅葺き屋根の建築を、今なおその姿のまま残している。

The reason for thatched roofs

When the Sugata clan was sent from Shinzuina on the orders of the Kamakura government to govern in Hiroyuaki, they took an open-minded approach, being tolerant of what had gone before, and also accepting and incorporating new ideas such as advanced architecture and new cultural elements. They were keen to construct new thatched buildings for temples and shrines, and they actively contributed to festivals and ceremonies. They carefully protected temples and shrines, extended the scale of the prominent people they had defeated, and enshrined them to be worshipped. The birth of the Sugata clan and its subjects caused them to put their own efforts into protecting temple and shrine architecture, and to communicate their position. One result of that approach has been the retention of thatched buildings as they were when they were first constructed, which in some cases was as long ago as the Kamakura period. Such architecture was already beginning to disappear from other parts of Japan, but in Hinoyoshi Kuma it has been preserved right up to the present day.

秋は、毎日、毎夜。

秋になると、太鼓の音が里に響き渡る。朝も夜も、集落から集落へと。人びとの暮らしに、たっぷりと秋の情緒が漂うひとときだ。

十月に始まる秋の祭礼の間、十二月に至る期間、毎晩のように行われるのが神楽だ。神を招き、神楽を奉納する。舞や太鼓の音、鈴の音など、厳かに神々しく、ときに勇壮に舞う。神楽を舞うのは、五穀豊穣と悪霊退散の祈願のためだ。赤い神輿が各地を巡り、やがて里の全体に秋祭りの賑わいと高揚感をもたらしていくのである。

Autumn mornings and nights

When autumn comes around, the sound of drums can be heard morning and night from shrines, and a noticeably solemn air pervades Hinoyoshi Kuma. Beginning with the ten-day Aoi Aso Shrine Okuuchi Festival in October, and ending with a shrine festival in Ichihlum in December, over 30 shrines in Hinoyoshi Kuma perform kagura, sacred music and dance, each day. With dancers holding flattering fans and bells, and sometimes overgallantly waving swords, Kuma Kagura is prayer for a rich harvest and for evil spirits to be driven out, and a prayer for fulfillment of wishes. It has also been handed down over the years. The festivals progress from Aoi Aso Shrine to Mt. Ichihluma, brings a quiet sense of excitement to the whole of the Hinoyoshi banbe.

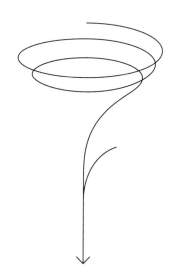

興福寺中金堂落慶法要散華「まわり花」

飛行する紙のかたちを研究するプロジェクト。
諸仏を供養すべく、法要で人々が
祈りを捧げ、紙を折って空に放つ。
舞って花開く風景の様相を可視化する試み。

屋根の上から撒かれて地面に降りるまでの
舞いざまをVISUALIZE。

2018年10月、興福寺中金堂落慶法要。
実験的に始まった「まわり花」は、実際の空へ。

51 情報の彫刻

歌麿 The Beauty

情報のデジタライゼーションが進み、
物質としての本の価値が高まる時代を見据えた
ブックデザイン。彫刻をつくるように
膨大な情報を本の中に織り込み、
独自の存在感を屹立させていく……
稀代の浮世絵師、歌麿による美人画をおさめた
豪華画集はその象徴。

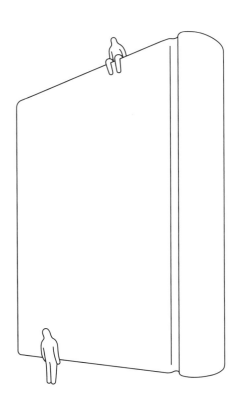

歌麿

UTAMARO
THE BEAUTY

小学館

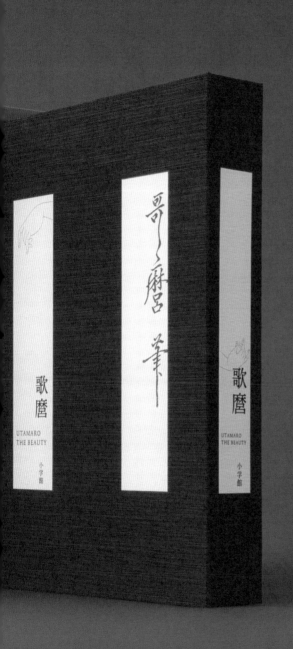

装幀には、工芸品にも比される四方帙を使用した。

紙の白さと肌の白さの差異を用いて、
春画のエロティシズムをVISUALIZEする。

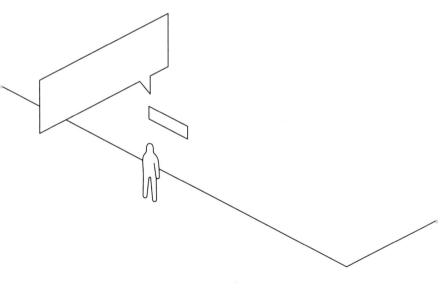

須賀川市民交流センター　tette

　こどもから高齢者まで集う複合施設のサイン計画。
幅広い利用者に向けて、遠くからでも誰もが
目を留める交通標識のようなサインに。
建物が大きな声で呼びかけてくれているような、
わかりやすさと親しみやすさを兼ね備えている。

須賀川市民交流センター

tette
テッテ

5F
円谷英二ミュージアム

あいてる日 OPEN
9:00 - 17:00

やすみの日 CLOSE
火曜日・年末年始

4F
ルーム、ホール、交流スペース

あいてる日 OPEN
月・水〜土 9:00 - 22:00
日・祝　　9:00 - 20:00

やすみの日 CLOSE
毎月第3火曜日・年末年始

3F
須賀川市中央図書館

あいてる日 OPEN
月・水〜土 9:00 - 20:00
日・祝　　9:00 - 18:00

やすみの日 CLOSE
火曜日・年末年始

2F
こどもセンター

あいてる日 OPEN
子育て支援センター　9:00 - 17:00
わいわいパーク　　　9:00 - 17:00
預かりルーム　　　　9:00 - 17:00

やすみの日 CLOSE
火曜日・年末年始

1F
市民活動サポートセンター

あいてる日 OPEN
月・水〜土 9:00 - 22:00
日・祝　　9:00 - 20:00

やすみの日 CLOSE
火曜日・年末年始

角丸のフレームは目的に合わせて変化。
輪郭からも情報を伝えている。

コインロッカーの使い方

- 100円を入れて使ってください。
- お金は使用後返却されます。
- 当日のみ利用できます。
- 閉館時に使用中の場合は中を取り出し、tottoオフィスで保管します。
- 鍵を紛失した場合は実費を負担していただきます。

須賀川市中央図書館

自動返却口

Self Book Return

① 1冊ずつゆっくりいれてください。
② CD・DVD・ビデオはカウンターで返してください。

53

佇まいは、語る

白鶴 天空

日本酒ブランドのフラッグシップのアートディレクション。
見た目の豪華さに依存せず、
凛と佇む鶴の立ち姿をイメージしたボトル形状や、
手に取ってはじめて気づく質感など視覚の一歩先にある価値を
ラグジュアリーとして捉え、VISUALIZEしている。

その静かで品格ある存在感は、
仲睦まじく佇むつがいの鶴のように。

白鶴酒造株式会社　山田

淺酒　酒　天空

白鶴

山田錦　十割

磨き　三割八

袋吊り

純米大吟醸

MUJIに泊まる

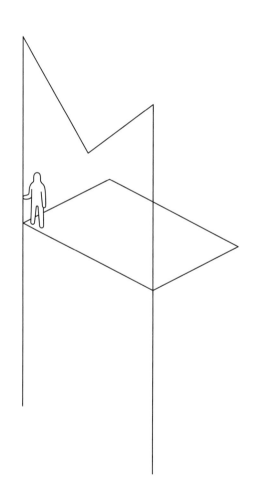

MUJI HOTEL

7,000の製品に宿る、7,000の思想。
それらが結集し、1つのホテルへ。
「アンチゴージャス、アンチチープ」をコンセプトに
進化する無印良品の思想をVISUALIZEした
ホテルのアートディレクション。

中国の深圳と北京に続き、銀座に誕生した、MUJI HOTEL。

「無印良品がホテルをつくったら?」がかたちになった。

コンセプトからサイン、コンセントボックス、カードキーなど……
宿泊客とのあらゆる接点をデザインしている。

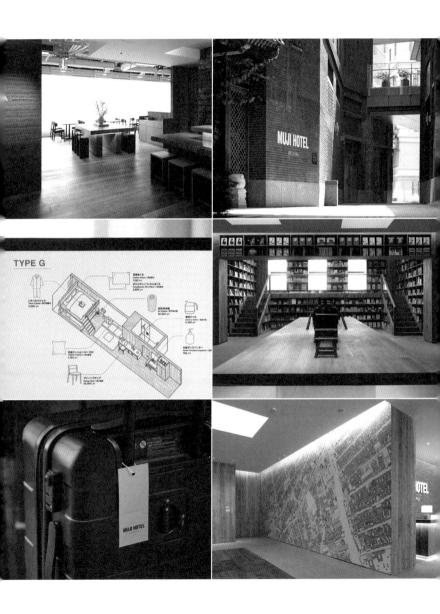

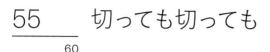

KITTE

日本郵便が展開する商業施設「KITTE」のロゴは、
長方形のパターンが伸びたり縮んだり。メディアに応じて、
いかようにも変容する無限の拡張性を持つアイデンティティ。
どこを切っても、どこを取り出しても、KITTE は KITTE。

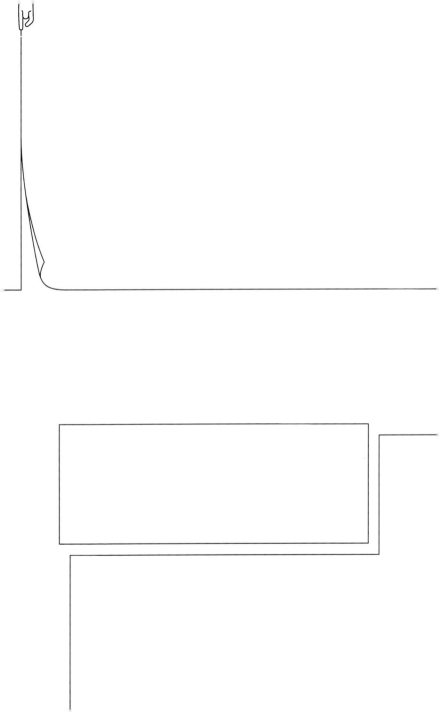

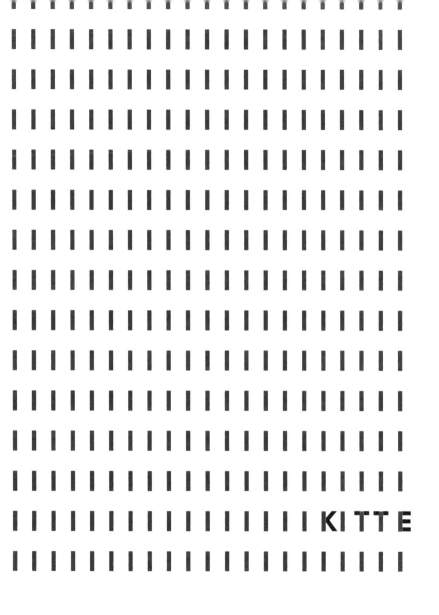

赤い長方形の数が変わっても、
ロゴの位置が変わっても、KITTEはKITTE。

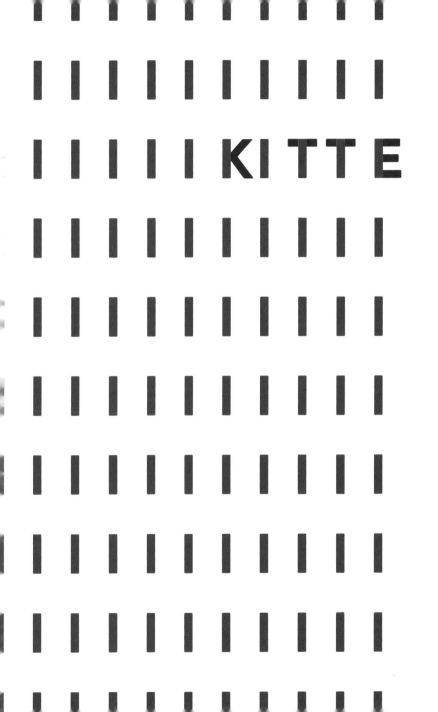

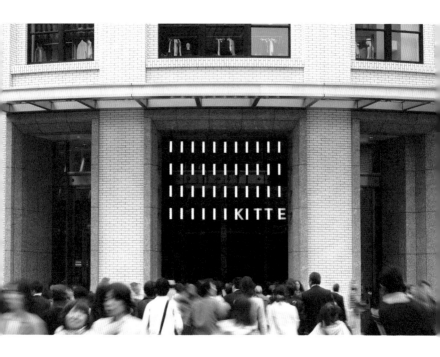

東京駅の目前。都市の景観に馴染みつつ、
静かな存在感を示すエントランスサイン。

100%コットンファーム

アバンティ「PRISTINE」

オーガニックコットンブランドのアートディレクション。
1つひとつの商品が主張するのではなく、
全商品が集合したときに、コットンファームのおおらかさを
感じられるように、パッケージから店舗ディスプレイまで、
一貫したデザインで世界観を構築している。

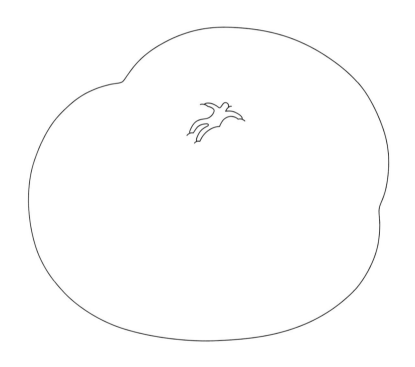

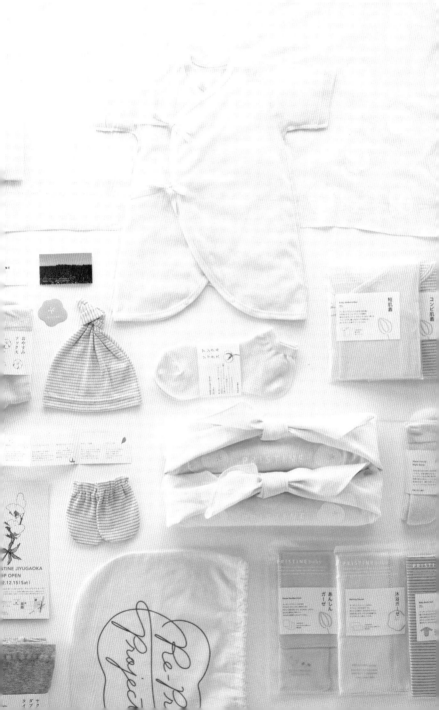

環境に配慮したものづくりの姿勢を
徹底してデザインに落とし込む。

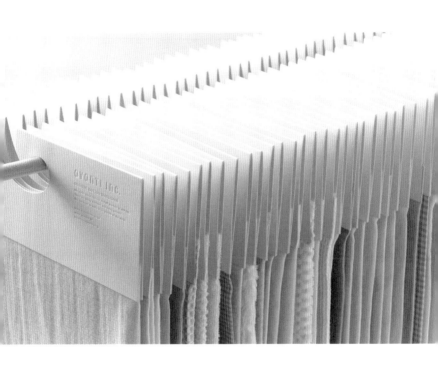

はぎれ布を巻いた糸玉、プラスチックや金属を
使わない生地ハンガーは、その象徴。

レディース、ベビー、そしてメンズ。どの商品からも
オーガニックコットンの優しさが感じられるように。

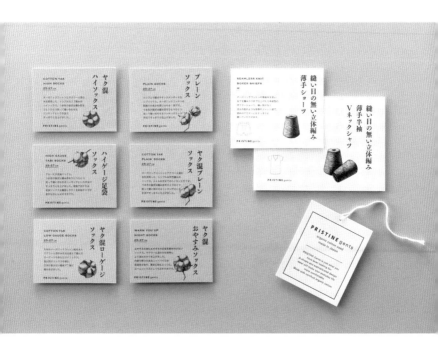

コットンボールのイラストを象徴的にあしらった
ラベルシステムを開発。ラインごとにフォーマット化。

あの柄、めざせ

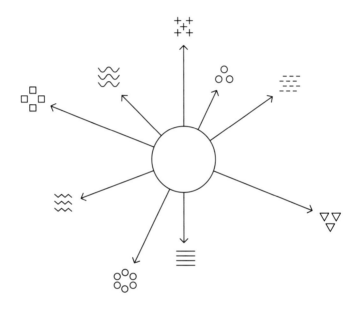

みんなの森 ぎふメディアコスモス

東西南北に入口があり、壁のない広大な書架空間で
来館者をどのように誘導できるか?
図書館内にぶら下がる巨大グローブに
異なるパターンを配し、空間をわかりやすい「読み物」へ。
全方位からの認知を可能にするサイン計画。

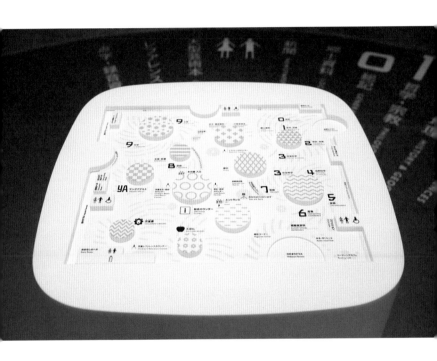

複雑な平面計画の空間全体を俯瞰できる立体マップ。

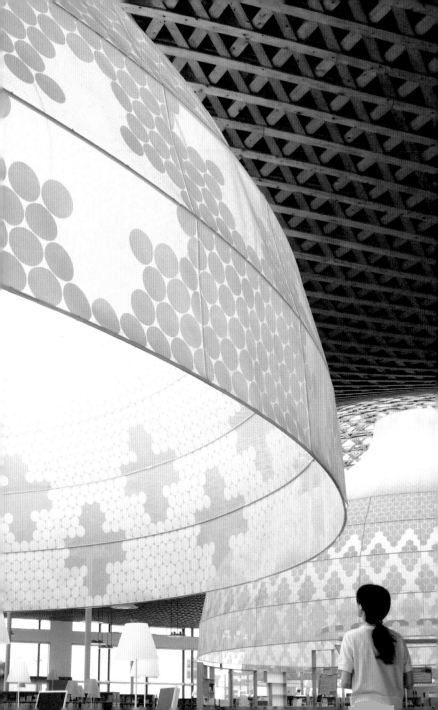

空間認知の基点となる11の巨大グローブが、
予測できない来館者の動線に対応する。

$\frac{58}{60}$ 　定番広告に一球入魂

○ ────────────────────

無印良品「住む。」雑誌広告

雑誌の裏面に、愚直に投げ続けておよそ20年。
ただ淡々と静謐に。時代や流行に左右されず、
商品に込められた思想を断続的に発信。
地球目線で社会に問いかける企業広告と相対する、
ミクロ視点の草の根ブランディング。

無印良品

おしりを待っている。

あらゆる角度から、同じには見えません。
体を受け止めやすいように、
座面に人のラインに沿った
ゆるやかなカーブを描き、
意外と思うほどの座りやすさを生み出しました。
半透明の収納ボックスと同じ
ポリプロピレン素材で、
軽く、積み重ねやすくできています。
座らないときも部屋の中で、
いつでもおしりを待っているような
愛嬌さも感じるかたちです。

ポリプロピレンスタッキングスツール
税込 2,500円

定価1234円　本体価格1143円　ISSN1347-2577　雑誌15339-05

4910153390575
01143

世話の焼ける鉄ほど。

掃除百面相。

ソファ探しを休むソファ。

かたちのない棚です。

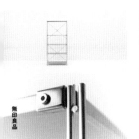

高温多湿の国から。

素通しの、自由。

消費者の暮らしの文脈にぴったりとはまる、
無印良品の自在性をVISUALIZE。

ラグジュアリーの様相

TENKU

東京ドーム13個におよぶ広大な敷地に、
温泉付きヴィラがわずか5棟。
風景全体に浴するような、
誰も体験したことのない「滞遊」という
新しいラグジュアリーをつくり続ける宿のVISUALIZE。

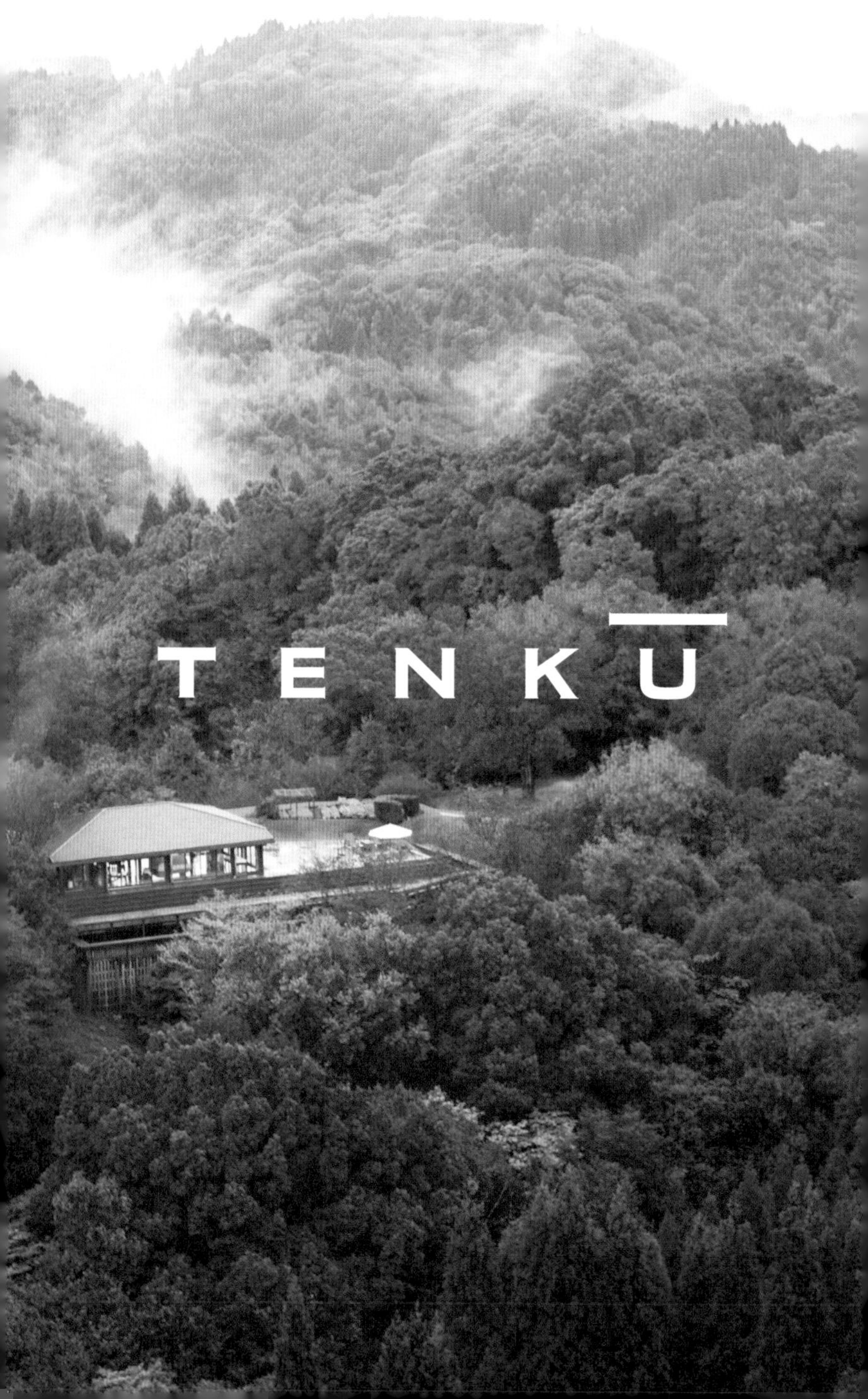
TENKŪ

TENKU

一見するとわかりにくい広大なスケールの敷地。
特殊な世界観をわかりやすく可視化する。

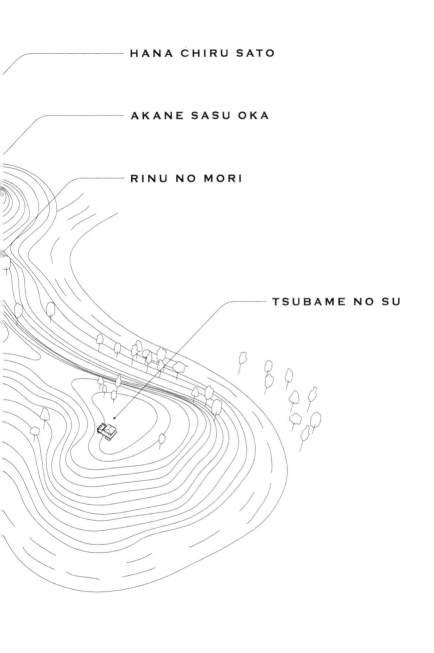

HANA CHIRU SATO

AKANE SASU OKA

RINU NO MORI

TSUBAME NO SU

TENKUでは、静かで非常識な体験が待っている。

スーラスラスラ、いい気持ち

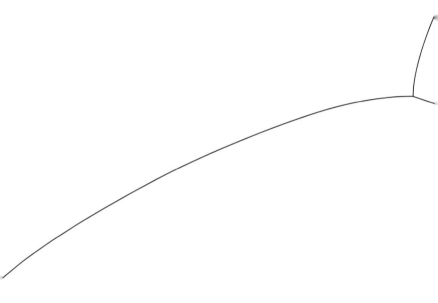

stone

「もっと書く気分を高めてくれる、
テキストエディタがあったらいいのに」そんな思いを
VISUALIZEした文章作成アプリケーションの開発。
「文章を書く」という一点に集中してもらうため、
潔いまでに画面はシンプル。機能は簡潔。
文字が美しく綴られる、「素」のノートに徹している。

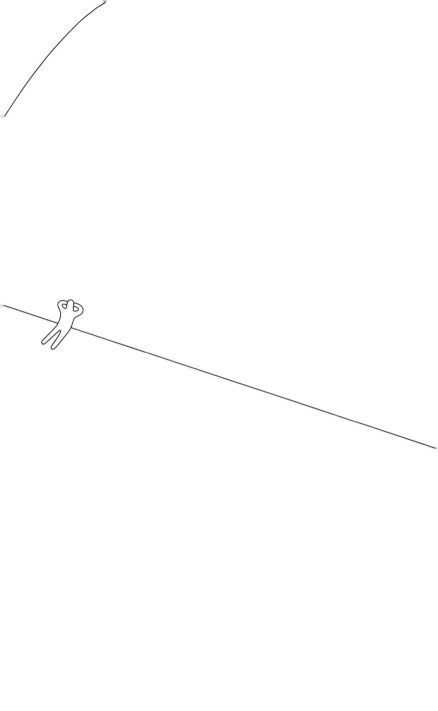

いざ文章を書こうとパソコンを開いても、思うように
はかどらないことがあります。コーヒーを飲んだり、
音楽を聞いたりして気持ちを鎮めても、最初の一行が
思い浮かばない。

まとまらない。上手な言い回しができない。考えが
なぜでしょうか。私たちはこう考えます。

頭の中の想いを定着させる肝心のパソコン画面が煩雑
で、使いづらく、集中力を欠くようなものであるから
ではないかと。

鎮めないといけないのは、スクリーンのほうだったの
です。

stone（ストーン） は、日本語を書くことに主軸を置
いた文章作成アプリケーション。

清らかな気持ちで文章を書く。そのために機能は極力
そぎ落とし簡潔に、画面はシンプルで、文字が美しく
つづられる、「素」のノートに徹しました。

書かれることを静かに待つかのように、凛と佇むスク
リーン。これまでにない書き心地の stone は、あなた

からどんな

プリント時のレイアウトも
自動でまるで書籍のような雰囲気で
出力することができます

出来ます
出来ますよう
出来ますように

された単語を選択

1 ・　デザイナーがいる。コ

・　ンがいてプロデューサー

・　がいる。アーティスト

・　ママがいる。<u>教師</u>

5 ・

・

・

| 1 きょうし |
| 2 教師 |
| 3 教示 |
| 4 今日し |
| 5 供し |
| 6 教し |
| 7 梟し |
| 8 姜氏 |
| 9 郷試 |
| 教士 |

標準　読み　部

検索

書く気分を高める
テキストエディタ「stone」

いざ文章を書こうとパソコンを開いても、思うようにはかどらないことがあります。

コーヒーを飲んだり、音楽を聞いたりして気持ちを鎮めても、最初の一行が思い浮かばない。上手な言い回しができない。考えがまとまらない。

なぜでしょうか。私たちはこう考えます。

頭の中の想いを定着させる肝心のパソコン画面が煩雑で、使いづらく、集中力を欠くようなものであるからではないかと。

鎮めないといけないのは、スクリーンのほうだったのです。

stone（ストーン）は、日本語を書くことに主軸を置いた文章作成アプリケーション。

そのために機能は極力そぎ落とし簡潔に、画面はシンプルで、文字が美しくつづられる。

「素」のノートに徹しました。

書かれることを静かに待つかのように、凛と佇むスクリーン。

これまでにない書き心地のstoneは、あなたからどんな言葉を引き出すでしょうか。

新しい書式設定 1

明朝体 ・ 縦書き ・ 大きさ 4 ・ 行間 7 ・ 字数 28

設定リス…

手紙、俳句、短歌、小説、歌詞、エッセイ……

1 ・ 書く気分を高める

・ テキストエディタ「stone」

・ いざ文章を書こうとパソコンを開いても、思うようにはかどらないことがあります。

・ コーヒーを飲んだり、音楽を聞いたりして気持ちを鎮めても、最初の一行が思い浮かばな

5 ・ い。上手な言い回しができない。考えがまとまらない。

・ なぜでしょうか。私たちはこう考えます。

・ 頭の中の想いを定着させる肝心のパソコン画面が煩雑で、使いづらく、集中力を欠くよう

・ なものであるからではないかと。

・ 鎮めないといけないのは、スクリーンのほうだったのです。

10 ・

・ stone（ストーン）は、日本語を書くことに主軸を置いた文章作成アプリケーション。

・ 清らかな気持ちで文章を書く。そのために機能は極力そぎ落とし簡潔に、画面はシンプル

・ で、文字が美しくつづられる、「素」のノートに徹しました。

・ 書かれることを静かに待つかのように、凛と佇むスクリーン。これまでにない書き心地の

15 ・ stoneは、あなたからどんな言葉を引き出すでしょうか。|

検索

あらゆる文章、あらゆる書き手に、心地いい。

DESIGNは、VISUALIZEへ

日本デザインセンター創立60年を経て、
4人のアートディレクターは何を考え、何を見据えているか。
原研哉、色部義昭、大黒大悟、三澤遥による対話。

原　こうやって4人で話すのは初めてかもしれませんね。時期はそれぞれ異なりますが、色部くん、大黒くん、三澤さんはかつて原デザイン研究所で一緒に仕事をした人たちで、今はそれぞれ独立した研究室をもっています。日本デザインセンター（以下、NDC）には、制作グループと研究所・研究室グループ、大きく分けて2つあります。制作グループは、トヨタ自動車やアサヒビール、三越伊勢丹など、長期的にお付き合いしている安定したクライアントの仕事を担っています。何十年もかけて長期的に仕事をすることで、クライアントが求めるものを的確に、組織的に、そして精密につくり上げることができる。一方、研究所・研究室グループは、毎年新しいクライアントを獲得しなくてはいけない。VIやサイン計画はまさにそうです。毎年収穫しつつ、種をまいて開拓していく、言わばリサーチ＆デベロップメント。他社にも同様の部門はあるでしょうが、大きく違うのはNDCの場合、リサーチ＆デベロップメントも他の部署と同等の収益を上げなくてはいけないところです。今回は、そんなロングテ

　　　ール的に新しい仕事の芽をつくる役割を担っているリー
　　　ダーたちと、デザインの周縁と現在、未来について話し
　　　ていければと思います。

色部　今回のテーマである「VISUALIZE」について、皆さんは
　　　どのように考えていますか?

原　　先輩たちが築き上げてきたNDCの60年にわたる歴史の
　　　1つひとつを噛み締めていかないといけない反面、デザイ
　　　ンを標榜する会社としては、刻々と変わる社会の状況に
　　　合わせて10年おきくらいに生まれ変わるべきと考えてい
　　　ます。現在、ぼくらデザイナーの領域は広告だけではな
　　　く、VIやサイン計画、Web、プロダクト、展覧会、空間な
　　　ど多岐にわたっています。そこでは「本質を見極め、可
　　　視化する(=VISUALIZE)」ことが重要となり、これは
　　　NDCの社是にもなっています。クライアントやプロジェ
　　　クトに潜在する可能性を把握し、時にはそこで抽出した
　　　本質を元に自ら構想することも必要となる。つまり、本
　　　質を見極めるだけではなく、それをわかりやすく可視化
　　　し、目覚めさせる必要があるわけです。

色部　個人的にVISUALIZEはストンと腑に落ちる良い言葉だ
　　　と思っています。例えば、食品のブランディングの際、
　　　「デザインしてください」と依頼されるけれど、その製品
　　　の成分や味など、実はその製品自体のデザインは既に決
　　　まっていることが多い。VISUALIZEは、その製品の特性
　　　を見えるかたちにするぼくらの仕事にしっくりくる言葉

だと思いました。

大黒　ぼくは、現在のデザイナーの仕事は翻訳家に近いという
　　　認識です。デザインという共通言語を使いつつ、他者に
　　　伝えるためのアプローチを相手に合わせて変えていく必
　　　要があります。例えば、緻密に丁寧に説明する方が良い
　　　場合もあれば、ストレートに端的に伝えた方が良い場合
　　　もある。クライアントに理解や共感してもらうためにも、
　　　些細な匙加減をコントロールしながら伝えていく意味で
　　　も、VISUALIZE はぼくの中で翻訳という理解も含まれて
　　　います。

三澤　わたしは NDC に入社して 11 年が経ちました。入社当時
　　　は原デザイン研究所に在籍し、原さんの VISUALIZE を
　　　間近で見てきましたが、今は自分なりの方法論を模索し
　　　ています。三澤デザイン研究室のスタッフは勿論ですが、
　　　社内の別部署のクリエイターや外部のプロフェッショナ
　　　ルと協働しながら、チームでどう化学反応を起こすかが、
　　　自分なりの VISUALIZE を生み出す鍵になると考えてい
　　　ます。思い返せば、クライアントやスタッフに向けて、
　　　「本質を射抜く」や「可視化する」などの言葉を自分が使
　　　っていると気づきました。VISUALIZE は良い意味で自分
　　　に刷り込まれていて、自分自身もその意識の下、仕事を
　　　しています。

原　　本質を掴むということは心臓をバクッと食べてしまうよ
　　　うなこと。NDC の最高顧問である永井一正さんは 92 歳

ですが、獰猛な現役です。ぼくらが「VISUALIZE 60」なんてやっている中、gggで個展「いきることば つむぐいのち　永井一正の絵と言葉の世界」をやるわけです。そんな永井さんのポスターを見ると、「VISUALIZE 60」が凹むくらいのパワーがある。まるで心臓しか食べないライオンみたいな仕事なんですよ。そんな先輩たちを見ていると、屁理屈をこねるのではなく直感力の重要さを再認識します。つまり、直感で掴みロジックで着地する。それがデザイナーができる最大の飛躍であり、VISUALIZEの原動力だと思います。

拡張する職能

原　　この10年間を振り返ると、NDCの仕事も大きく変わってきたよね。

色部　10年前というと、ぼくは50周年で発刊した書籍『デザインのポリローグ』を担当していました。その本でもどのプロジェクトを掲載するかという悩みはありましたが、今回の方が選定に苦労しました。良い悩みでもありましたが、この10年でNDCの仕事が多方面に拡がっていることを実感しました。

大黒　ぼくと色部くんは、2011年に研究室を設立しました。既にその時に原デザイン研究所など他の研究室もありましたが、そこからさらなる価値創造の場を君たちがつくっ

てくれとバトンを渡された気がしたのです。今までの経験の焼き直しでは意味がないし、NDCの軸はあるにせよ、そこから自分なりにどうやって新しいNDCの側面をつくっていけるだろうか……。そんな中、デザインに情熱を注いでいる仲間たちが近くにいたから、NDCの展望についても有意義な議論ができたと思います。新しいクリエイターや編集者の協働者を探してくるなど、自分たちで何かを変えたというより、プロフェッショナルが集って変わってきたと思っています。同時に、動画やオンスクリーンメディアなどが社会から求められてきたので、否応なくぼくらは付き合っていく必要があるし、変わっていかなければならなかった。様々なスキルやパワーを持った人たちがNDCに集まってきたというダイナミズムがあった10年だったと思います。

原　たしかに、この10年で動画を扱うことがとても増えました。ぼくも「低空飛行」（VISUALIZE 17）では動画の撮影や編集を自分でやっていますが、プレゼンテーションで動画を求められることもあるし、ロゴにしても動かすことを前提に考えることも多い。でも、静止していることも大事で、静止したグラフィックを軽視しているわけではありません。メディアが多様化してきた以上、動く価値と静止した価値は無意識に相対化されてきました。

色部　そんな背景も踏まえて、今回の「VISUALIZE 60」では、創業当時からの60年の歴史を振り返るのではなく、「NDCはこれからどうなるのか」という未来に向けたメ

ッセージを発信したいと考えました。2020年の年明け
に起きた世界規模のパンデミックで、例外なく、ぼくら
もこの企画の進行について悩みました。スタッフとも何
度も議論し、展覧会もオンラインで開催し、フィジカル
なメディアは書籍だけで発信するとか……。ただ、そこ
で改めて、ぼくらの考え方をリアルな空間を使って実物
で見せることの意味を問い直しました。「〈VISUALIZE さ
れたもの〉をVISUALIZE というフィルターを通して紹
介する」というメタ的な視点で見せるためには、実物と
平面のトビラ絵によるレイヤーで重層的に見せることが
有効だろうと行き着きました。

トビラ絵を巡って

三澤　今回のキーヴィジュアルであるトビラ絵は、文字通り、本
質への扉であり入口となるものです。この絵図だけでプ
ロジェクトの全てを把握できる説明的・即効性のあるも
のではなく、見る人の想像力や感受性に訴えかけながら
本質へと導く、考える余白を残したもので、コピーとと
もにあって初めて機能します。トビラ絵の開発には紆余
曲折がありました。当初は、所謂ポンチ絵のように、考
え方を一枚の絵に凝縮したものをスタッフと一緒にパス
で描いていました。しかし、原さんとのエスキースで「ポ
ンチ絵とは、一本の線のゆらぎやかすれにも意味がある
ので、それをパスで描くと魅力が失われてしまうんじゃ
ないか?」とアドバイスをもらいました。わたしも原さ

んからポンチ絵を叩き込まれたデザイナーなので、本当にその通りだと思ったのです。これはポンチ絵と呼んではいけないと……。でも、そんな一言がヒントになりました。むしろ情緒のないパスで描くことで、意味を削ぎ落とし続け、それでも残ったものや見えてくるものを抽出しようと考えました。

原　　ポンチ絵とは「概念スケッチ」です。それはデザインの最終的な答えではなく、VISUALIZEする際のエッセンスを探り当て、「こういうことなんじゃないの?」という「掴み」の部分を描いています。また、直面している問題をわかりやすく表現し、他者と共有するための絵図にもなります。ぼくの場合、0.3mmの水性のペンで瞬間的に描くことが多いです。ロゴのスケッチや撮影のラフを緻密に描くことも多々ありますが、ポンチ絵はそれとは異なり、ぐっと引いた視点で瞬間的に描くものです。そんなポンチ絵は三澤さんの方が上手かったりする（笑）。ポンチ絵にも対外的に見せるポンチ絵とスタッフ間で共有するポンチ絵があり、昔はよく、ぼくが描いたポンチ絵をクライアントへ提案する際に、三澤さんに精密に描き直してもらったりすることもありましたよね。今回のトビラ絵は手描きでなくパスで描くことで、全てを成立させないといけないという逃げ場がない表現になっていて、側から見ていて大変だろうなと心配になりました。しかも、描き上げた絵に対して各アートディレクターから小うるさい赤字が入るわけですから。

三澤　当初はそこまで大変だと思っていませんでした……。しかし、実際、わたしたちトビラ絵チームでアイデアを出して描き上げた絵を皆さんに提案したところ、ことごとく赤字を入れられてしまいました。皆さんからの指摘や、描いてもらったラフを見て、なるほどと思う反面、とても悔しい思いをしました。ポンチ絵なら原さんから概要説明を受けたらササッと描けるのですが、逃げ場がないくらい削ぎ落としたエッセンスとなると、つくった本人でないと見極められないものだったのです。

色部　ぼくは「VISUALIZE 60」のディレクターとして三澤さんたちに依頼した立場ですが、ここまで大変だとわかっていたら頼まなかったかもしれません（笑）。そんなことを思ってしまうくらい、隣で苦心しながら何度も絵を描き直す姿を見てきました。でも、おかげで展覧会を様々な形でリードする類い稀なキーヴィジュアルができたと思います。

三澤　最初は本質を突き詰めていけば1つの答えにたどり着くと思っていました。しかし、トビラ絵という同じルールを敷いて描き上げたものの、皆さんの思考に触れ、デザインの解き方は1つではないと気づかせてもらいました。自分の確信は絶対ではないと……。皆さんからいただいた赤字はある意味、それぞれが懐刀にするデザインへの態度でした。その結果、無機質なトビラ絵に、各アートディレクターの嗜好だけでなくデザイン観や仕事への姿勢がにじみ出たと思います。

大黒 　ぼくも最後の最後まで赤入れし続けて、三澤さんたちに
　　　迷惑をかけた1人です（笑）。すごく大変だったと思いま
　　　すが、写真やグラフィックなど定着方法が沢山ある中で、
　　　トビラ絵という表現方法に落とし込むことによって、抽
　　　象化されながらも深みがある世界が生まれたと思います。
　　　60の多様なプロジェクトも写真やグラフィックだけでは
　　　バラバラに見えていましたが、トビラ絵を添えることで
　　　総体として1つの塊になったと思いました。

世界の様相を掴む

大黒 　ぼくは2018年から拠点をロサンゼルスに移しました。日
　　　本にいるとき、海外の仕事でクライアントや外国人スタ
　　　ッフの考え方に触れる中で、価値観や社会背景、手法も
　　　異なる環境で自分がどれだけ通用するか興味を持ちまし
　　　た。今はどこにいても仕事ができる時代です。しかし、
　　　デザイナーは形をつくるだけではなく、ライフスタイル
　　　や新しい価値観を提案することが今後ますます求められ
　　　ます。異国の地に根を下ろして実際に生活し、世界のマ
　　　ーケットを当然のように視野に入れて活動できる、知識
　　　と経験、感覚を得ることが重要だと思ったのです。

原 　　大黒くんから「LAに拠点を移したい」と申し出があった
　　　とき、普通の会社なら無理かもしれないけれども、今の
　　　NDCならそれもアリかと思ったんですよね。会社自体が
　　　成長していかないといけないタイミングで、社員が自分

自身に必要と考える栄養を得られる場所で働きたいという志願はとても健全だと思ったのです。勿論、イレギュラーなことではありますが、そうしてほしいと思いました。会社としても、大黒くんを通じてカリフォルニアの風土にも触れることができ、学ぶものも多々あります。

大黒　広大なアメリカ内ではニューヨークもテキサスも文化が異なるため、「ここはLAであってアメリカではない」という前提の下、ぼくがカリフォルニアで働いてみて視えてきたものは大きく2つあります。それは多様性と環境意識です。人種、性別、年齢など多様性を計るものは沢山ありますが、日本よりも様々なシーンで多様性という局面に触れることがあります。例えば、スーパーの牛乳が並ぶ陳列棚を見ると、オーガニックやアーモンドミルク、ソイミルク、健康志向のビタミンDが豊富なものなど、いったいどれが今まで飲んでいた「普通のミルク」なのかわからないくらい山ほど種類があるのです。つまり、いろいろな価値観がある中で、そこから自分で選びとる意志が求められます。そんな多様性ある環境の中で普遍的なものをつくるにはどうすればいいのかをよく考えます。普遍性とはいったい何なのか。それは多様性を知らないと見えてこないものだと思いました。先日、2028年五輪のロゴ「LA28」が発表されました。あのデザインの好き嫌いは別にして、すごく興味深かったです。「LA28」の「A」をアーティストやアスリートたち26人がデザインし、その「A」が変化することで多様性を表現している。1つのロゴをデザインするだけでなく、あら

ゆる人々を受け止める大きな器としてロゴを設計し、ネーミングやその背景にあるストーリーを伝えることがデザイナーに求められていると思いました。

原　日本に限定せず、デザインの未来を考えたとき、国際的な視点や多様性は必要になります。カリフォルニアには新しい先端技術が集約され、プラットフォーマーたちが産業を興した。ある意味、実験場みたいな場所です。シリコンバレーの近くで働いているとデザインも新しく変わるかもしれない。しかしながら、先端技術を駆使した表現で人々を感動させることがデザインの進化というわけではありません。むしろ、異なる価値観の中に身を置くことで、テクノロジー以外の部分で視えてくるものがあるのでしょうね。「LA28」の話は象徴的で、あるメッセージの意味を単に凝縮させて伝えるのではなく、いろんな人たちの能動性を呼び込むようなアクションがロゴに込められているという着目は、LAの多様性に触れたからこそその分析だと思いました。

大黒　2つ目は環境意識です。エコロジーやサスティナブルという概念は、デザイナーも今後いっそう考えていかなければならない課題の1つです。経済や産業だけでなく、プロダクトデザインやファッション、建築などあらゆる領域の価値基準となる物差しになると思います。カリフォルニアは、ファストフードのストローもいち早く脱プラスチックになったり、スーパーでもオーガニック食品が沢山並んでいたり、環境意識が高い企業や活動家が身の

回りでアクションを起こしていることも刺激になります。

原　　資本主義末期と言われていますが、まさに今、フロンティアがなくなりつつあります。イギリスやオランダが東インド会社をつくった頃は、経済においてアジア全域がフロンティアだったけれど、グローバル化が加速して世界が見渡せてしまった現在、わたしたちはどのように経済を成長させていけばいいのか。その方向性の1つが、大黒くんがカリフォルニアで触れた環境意識だと思います。西海岸の先端企業の人たちが環境意識に対して敏感なのは、エコロジカルな活動をしたり、社会の不均等を是正していかない限り、自分たちの産業が細っていき、自分たちに利益がもたらされないという近未来の状況にいち早く気づいたからでしょう。それはテクノロジーの進歩より大事なことだと思う。それを大黒くんが掴み始めているのであれば、NDCにとっても有意義なことだと思います。まずは日本と世界を二極化せず、世界全体の様相を掴んでいくという感覚がとても重要だと思います。

変容する社会とNDCの未来

原　　コロナ禍で物理的な移動が難しくなる以前から、訪日観光客が増えてきたという話がありましたが、正しく言えば、日本に訪れる人だけでなく世界的に人々の流動性が高まっていました。まさに世界は「遊動の時代」に突入しかけていたわけです。コロナ禍でそんな流動性は停滞

してしまいましたが、事態が落ち着いたら、また動き出すと思います。一方で、今回のパンデミックによって社会が5年から10年くらいたぐり寄せられてしまった。その典型的な産物は、リモートで働く、リモートでつながるということです。これは事態が落ち着いても、おそらく戻らないのでしょう。それまで絵空事だと思われていた働き方を、急に余儀なく皆が実践せざるを得なくなった結果、ぼくたちは新しい働き方を獲得してしまった。遊動の時代では、旅をしながら仕事をする人も出てくるだろうと思っていましたが、リモートワークが日常となり仕事のONとOFFが融合してくると、予想よりも早くそんな生き方、働き方ができる社会を迎えるかもしれません。

色部　当初は何をして良くて、何をしてはいけないかが刻々と変わる日々が続き、右往左往させられましたが、徐々にリモートでできることとできないことがクリアになっていきました。たしかに移動はできなくなりましたが、思いの外、リモートでできることも多く、クライアントとのコミュニケーションも活発になりました。例えば、「国立公園」（VISUALIZE 36）のデザインガイドラインの仕事をしているのですが、通常のプロセスではデザインのマニュアルをつくり、指針を半ば一方通行的に発信するわけです。勿論、担当者には自分の肉声で直接伝えることはできますが、それ以外の全国でVIを運用する担当者たちには、書類を通してでしか自分たちの考えを伝えられません。しかし、リモート会議なら、その場で全国各地の公園事務所にいる大勢の人たちに伝えることができ、

その場で疑問点などのフィードバックも得られます。すごく画期的なことだと思いました。今までデザインの意味や効果に深く関心がなかった人にも直接話すことができ、問題意識を共有できるようになりました。一方で、現場に赴く出張の価値も再認識しました。実際に現場を訪れてぶらぶらと歩きながらぼーっと観察して得られる情報やアイデア、言葉にできないインスピレーションは必ずあります。それをVISUALIZEすることもぼくらの仕事の一部ですから。

三澤　わたしの中では、コロナの影響でミラノサローネへの出展が中止になったことが大きかったです。どうしても海外で発信したいというこだわりがあるわけではありません。ただ、展示はまさに体験そのものなので、インターネットを介して世界に発信するというより、その場所に持っていって現物を見せることで成立するコミュニケーションです。言語が異なっていてもコミュニケーションができる道具として展示があり、説明しなくても明快に伝わり、本質的な部分でグローバルでつながれるという可能性を試したいのです。

色部　本当にその通りで、ヴィジュアルは1つの言語だから言葉を介さずとも伝わるんですよね。ローカルなヴィジュアル言語もありますが、グローバルに伝わるヴィジュアル言語もある。自分としてはVISUALIZEという考え方そのものを世界に向けて発信したいと考えています。

大黒　リモートワークという働き方の変化もありましたが、コロナと同時に世界中に広がったBLM（Black Lives Matter）の抗議運動から、ぼくはデザインが社会と直結していると強く思いました。当時、多くの企業が自分たちの意思表示をしたことが印象的でした。例えば、Uberが「もしあなたが人種差別を容認するなら、すぐにあなたのスマートフォンからUberのアプリを消してください」という広告を出しました。Uberだけでなく、多くの企業も声明を出し、個人でも異議を発信した人が多かった。つまり人自体がメディア化している現在だからこそ、家にいながらも自分の考えを自由に発信できるし、発信しなければ何もなく、それで終わってしまう。だからこそ、今、「VISUALIZE 60」という展覧会を開催したり、今回の座談会をオンラインで配信して自分たちの姿勢や意思を発信することは重要だと思います。

色部　そうですね。今回挙げた60のプロジェクトの中には、「VISUALIZE 60」を機にNDCのスタッフ自らが構想したプロジェクトもあります。自分たちの60年の伝統を大事にしつつも、「だったりして」という構想をかたちにしていく風土を今後のNDCの姿として発信していきたいですし、デザインが未だ投入されていない領域にもっとチャレンジしていきたいです。

原　今日話していて3人の成長ぶりに感心しました。このように若い才能が次々と出てくる環境こそNDCの伝統だと思います。でも、ぼくは決して優しい上司や先輩にな

るつもりはありません。若い才能が育ってくるということは、自分のライバルが増えるわけですから。いつもドングリで頬袋をパンパンにしたリスか、あるいは両手にビスケットを持った欲張りなウサギのように、あれもこれもやりたいと日々デザインを実践している自分としては、若い才能とこれからも競い合っていきたいです。今後もNDCはそんなスリリングな創造の場であってもらいたいですね。

2020年9月19日　座談会進行：原田優輝／カンバセーションズ　文責：関拓弥

原研哉

アートディレクター／グラフィックデザイナー。1958年生まれ。1983年武蔵野美術大学大学院修了後、同年日本デザインセンター入社。1992年原デザイン研究室（現・研究所）設立。「もの」のデザインと同様に、「こと」のデザインを重視して活動を続けている。同社代表取締役社長。武蔵野美術大学教授。

色部義昭

アートディレクター／グラフィックデザイナー。1974年生まれ。2003年東京藝術大学大学院修了後、同年日本デザインセンター入社。2011年色部デザイン研究室（現・研究所）設立。グラフィックをベースに平面から立体、空間まで幅広くデザインを展開している。同社取締役。東京藝術大学非常勤講師。

大黒大悟

アートディレクター／グラフィックデザイナー。1979年生まれ。2003年金沢美術工芸大学卒業後、同年日本デザインセンター入社。2011年大黒デザイン研究室設立。2018年から拠点をLAに移す。アート、ライフスタイル、テクノロジーにフォーカスし、新たな価値創出のためのプロジェクトに取り組んでいる。

三澤遥

アートディレクター／デザイナー。1982年生まれ。武蔵野美術大学卒業後、2009年日本デザインセンター入社。2014年より三澤デザイン研究室として活動開始。ものごとの奥に潜む原理を観察し、そこから引き出した未知の可能性を視覚化する試みを、実験的なアプローチによって続けている。

AFTER VISUALIZE 60

本書の発刊より遡ること2年ほど前、創立60年を迎える
タイミングで日本デザインセンター（以下、NDC）は、
VISUALIZE 60プロジェクトを立ち上げました。約束事
は2つ。1つ目はデザインのフィールドが大きな変革期を
迎える中、60周年を、還暦にあたる生まれ変わりの節目
と捉えて、過去ではなく未来のビジョンを示すこと。2
つ目はNDCの最大の財産である多才な人材を結集し、企
画を進めていくことでした。

本書と展覧会のタイトルになったVISUALIZEは、代表
の原研哉がデザイン／デザイナーの役割を明確に表す言
葉として幾度となく発してきたものです。プロジェクト
チームは、クリエイターの営みに新しい視座を与えてく
れる、この言葉こそが次の10年の指針になると考え、企
画を進行させました。

VISUALIZEを発信するにあたり、いかに社会の人々を
VISUALIZEの視座へスムーズにガイドできるか? そこで
新たに生み出したコミュニケーション手法が、本書にも
掲載されている「トビラ絵」です。文字通り、本質への

扉／入口であるトビラ絵は、見る人の想像力や感受性に訴えかけながら本質へと導いていく余白を含んだ絵図として制作していきました。アプローチや背景の異なる60のクリエイションの核心に迫ろうとすればするほど、トビラ絵の表現そのものも多方面に拡がり、作業は難航を極めました。しかし「つくっては直す」検証の果てしない道のりの末に完成した60のトビラ絵は、私たち企画側の想像を超えた拡がりを見せ、様々なVISUALIZEの様相、そしてNDCのクリエイティブ領域の拡張を直感的に伝えてくれるものになりました。

NDCはVISUALIZE 60を機に新しい周回に突入します。次の10年も、進行中・構想中のプロジェクトを通じて、多方面に拡がる新しいVISUALIZEをお見せし続けていきたいと思います。最後に、展覧会の開催、本書の制作にあたり、クライアント・協力会社の皆さま、そしてNDC社員の皆さんに多大なご協力をいただきました。心より感謝申し上げます。

VISUALIZE 60 ディレクター 色部義昭

CREDIT

01　Osaka Metro／2018年
CD・AD：色部義昭　D：松田紗代子、
後藤健人（モーションロゴ）　CDr：川原綾ナ
C：澤井恵一　Ph：岡庭璃子　Pr：早坂康雄、星野谷晃
Ag：ジェイアール東日本企画 関西支社
CI：大阪市高速電気軌道株式会社

02　ピエール・エルメ・パリ「イスパハン」／2014年
AD：原研哉　D：原研哉、三澤遥　Pr：森田瑞穂
CI：PH PARIS JAPON 株式会社

03　女子美術大学・短期大学部 Webサイト／2019年
CD：関口裕　PJM：山道正明*（2049 Inc.）
PI・CoD：土屋綾子*　AD・D：横田泰斗　秋山智恵、
佐藤優海　FeDv：林洋介*（HAUS）　TDr：廣橋徹次*
Ph：岡庭璃子　I：岡崎由佳　Pr：稲垣美智子　CI：女子美術大学

04　無印良品 企業広告
「気持ちいいのはなぜだろう。」／2020年
CD・AD：原研哉　Ph：上田義彦*、深尾大樹　MV：深尾大樹
M：坂本龍一*　C：原研哉、原麻理子　D：原研哉、井上幸恵、
関拓弥、鐘鑫、細川比呂志　Web：渡辺泰夫*、古川元一*
SE：堀修生*　Pr：村木諭、松本敦　CI：株式会社良品計画

05　瀬戸内国際芸術祭／2010年―
AD：原研哉　Ph：上田義彦*　D：原研哉、大黒大悟、
中村晋平、齋藤裕行、前島淳也、村松里紗、

竹尾太一郎、鐘鑫、矢崎花　App：齋藤裕行
SC：なかのようこ*、いがらしさき*（ポスターデザイン）
CI：瀬戸内国際芸術祭実行委員会

06　TAKEO PAPER SHOW「SUBTLE」／2014年
CD・AD：原研哉　D：原研哉、松野薫、三澤遥、
佐々木那保子、岡崎由佳、酒井茜、北村友美
Ph：関口尚志*、安永ケンタウロス*　CI：株式会社竹尾
参加クリエイター：石上純也、色部義昭、上田義彦、
葛西薫、田中義久、冨井大裕、トラフ建築設計事務所、
中村竜治、noiz、服部一成、ハム・ジナ、原研哉、三澤遥、
皆川明、宮田裕美詠、寄藤文平、和田淳

07　naturaglacé／2017年
AD：色部義昭　D：色部義昭、加藤亮介、松田紗代子
Ph：岩崎慧　Pr：曽根良恵　Partner：nendo*
CI：株式会社ネイチャーズウェイ

08　新しい国語／2020年
CD・AD：大黒大悟　D：佐々木那保子、矢崎花
C：原田珠里　I：斉藤俊行*、及川賢治*（100% ORANGE）、
北沢優子*　Pr：杉本瑞樹　CI：東京書籍株式会社
掲載画像：東京書籍株式会社発行
新しい国語（1年～6年）令和2年度版

09　HOUSE VISION／2013年―
［2013 TOKYO EXHIBITION］
CD・AD：原研哉　PLC：土谷貞雄*、井上幸恵
PLA：松野薫　Pr：鍋田宜史、森田瑞穂　PbM：井上幸恵
D：三澤遥、佐野真弓、駒沢智子、佐々木那保子、岡崎由佳、
宮田真清　ED：中村晋平、大橋香菜子　Web：齋藤裕行
MV：滝見壮平　C：磯目健、吉岡奈穂　Ph：関口尚志*、

Nacása & Partners Inc.*、美馬英二
CG：橋本健一* PR：夏目康子*
［2016 TOKYO EXHIBITION］
CD・AD：原研哉 PLC：土谷貞雄* PLA：松野薫
Pr：鍋田宜史 Pm：西朋子 D：中村晋平、川浪寛朗、
森定のぞみ、大橋香菜子、岡崎由佳、酒井茜、真野菜摘、
西朋子、大門光香、鐘鑫、大野萌美、北村友美 ED：中村晋平、
北村友美 C：長瀬香子 Web：齋藤裕行、清水恒平*
MV：深尾大樹 CG：橋本健一* Ph：中戸川史明、岩﨑慧、
小野真太郎、関口尚志*、Nacása & Partners Inc.*、
DJI* PR：夏目康子*
［2018 BEIJING EXHIBITION］
CD・AD：原研哉 PLC：土谷貞雄* PLA：松野薫 PbM：鄧宇、
楊帆、山口玲子、楊一凡 D：韓林峰、劉観如、鐘鑫、根本順代、
井上幸恵 ED：関拓弥、西朋子 Web：清水恒平*
CG：橋本健一*、渡辺雄大* PD：佐藤裕之、駒田六花
MV：細川比呂志、深尾大樹 App：鐘鑫 C：関拓弥、間絲雨
Ph：Nacása & Partners Inc.*、Alexvi*、中戸川史明
参加企業・団体：LIXIL(P7中右)、
無印良品(P7下左、P8下左)、住友林業(P7上右)、Honda、
未来生活研究会(メックecoライフ《三菱地所グループ》)、
三井不動産レジデンシャル、野村不動産、ミサワホーム、
東芝、ローム、KDDI研究所、日本ペイント、
昭和飛行機工業)、蔦屋書店、TOTO・YKK AP(P7中左)、
サントリーミドリエ、ヤマトホールディングス、
Airbnb(P8上右)、パナソニック(P8上左)、
三越伊勢丹、大東建託(P5、P6)、凸版印刷(P7上左)、
TOYOTA、カルチュア・コンビニエンス・クラブ、AGF、
Haier、Aranya(P7下右)、Envision、
Xiaomi(P8下右)、HUARI(P8中右)、有住、
TCL、Hanergy(P8中左)、MINI LIVING Urban Cabin
参加クリエイター：伊東豊雄、坂 茂(P7中右)、
杉本博司(P7上右)、藤本壮介(P5、P6)、
地域社会圏研究会(山本理顕、末光弘和、仲俊治)、
東京R不動産、成瀬友梨・猪熊純、東信、柴田文江、
長谷川豪(P8上右、P8下左)、永山祐子(P8上左)、
アトリエ・ワン(P7下左)、谷尻誠・吉田愛、西畠清順、
隈研吾、日本デザインセンター原デザイン研究所(P7上左)、
五十嵐淳・藤森泰司(P7中左)、中島信也、
非常建築、大舎(P7下右)、楊明洁｜YANG DESIGN、
李虎｜OPEN(P8下右)、青山周平(P8中右)、
Crossboundaries、MAD Architects(P8中左)、孫大勇

10　東京ビッグサイト／2016年
　　AD：三澤遥 D：三澤遥、吉澤あずさ C：鈴木伸彦
　　Ph：北村圭介* Pr：早坂康雄
　　CI：株式会社東京ビッグサイト

11　堂島酒醸造所／2018年
　　AD：原研哉 D：原研哉、大橋香菜子、矢崎花
　　Ph：深尾大樹、中戸川史明(プロダクト)
　　MV：深尾大樹 Web：高橋大介*、井上良太* Pr：松本敦
　　CI：株式会社堂島麦酒醸造所

12　LINNÉ LENS／2018年―
　　AD：三澤遥 D：佐々木耕平、吉澤あずさ
　　Ph・MV：加藤純平* ME：平井秀次* C：磯目健
　　Pr：杉本瑞樹 CI・PI・Dv：Linne株式会社

13　無印良品「陽の家」／2019年
　　CD・AD：原研哉 D：原研哉、川浪寛朗、
　　佐藤裕之、神田彩子 C：関拓弥
　　Ph：安永ケンタウロス* MV：深尾大樹
　　CG：橋本健一* M：Heima*(佐藤教之＋佐藤牧子)
　　Pr：村木諭、今井翔悟
　　CI：株式会社MUJI HOUSE

14　じゃがいも焼酎「北海道 清里」／2014年―
　　AD・D：大黒大悟、天宅正*、髙田唯* C：是方法光
　　Ph：阪野貴也* Pr：鈴木輝隆*
　　CI：清里焼酎醸造所

15　リキテックス「ガッシュ・アクリリック プラス」／2018年
　　AD：色部義昭 D：色部義昭、木下真彩* Ph：岡庭璃子
　　Pr：早坂康雄 CI：バニーコルアート株式会社

CREDIT

16　三越伊勢丹
「MAKE it HAPPY！2017 CHRISTMAS」／2017年
CD：丸尾一郎　AD・D：矢内里、岩淵幸子　C：大川高志、
赤星薫　Web：志村徹朗　WD：志村徹朗、後藤健人
PM：中島友彦、簾希里子　M：GarageYokotaBand*
Ph：Hassan Hajjaj*、中戸川史明　Pr：渡辺令法、横川由貴
TX：Vlisco* 折り紙監修：三谷純* CI：株式会社三越伊勢丹

17　低空飛行／2019年—
AD：原研哉　D：原研哉、細川比呂志、鐘鑫、宮崎菜奈、
井上幸恵、熊谷竜治　MD：原研哉　Ph：原研哉　C：原研哉
CO：二本柳よしの　IE：斎藤勇貴、深谷征生、髙橋修一、
鈴木崇志　Web：渡辺泰夫*、古川元一*
M：Heima*（佐藤教之＋佐藤牧子）I：水谷嘉孝*

18　半島のじかん／2011年—2014年
AD：大黒大悟　D：大黒大悟、南舘崇夫、桐山聡、佐野真弓
C：是方法光　Ph：白井亮*、Nacása & Partners Inc.*
Pr：鈴木輝隆* CI：国土交通省

19　天理駅前広場 CoFuFun／2017年
AD：色部義昭　D：色部義昭、加藤亮介、今村圭佑、
佐藤隆一　Web：後藤健人　Ph：遠藤匡、太田拓実*
Pr：鈴木龍毅　Arc：nendo* CI：奈良県天理市

20　MOUNTONE／2020年—（構想中のプロジェクト）
PJM：鍋田宜史　AD：鐘鑫、嶋口智洋　PI・C：長瀬香子

MD：深尾大樹　I：水谷嘉孝*
ドローン撮影：平松大地* PM：簾希里子

21　犬のための建築／2012年—
CD・AD：原研哉　D：原研哉、三澤遥、岡崎由佳、酒井茜、
真野菜摘、北村友美　Ph：与田弘志*、Jérémie Souteyrat*
Web：中村勇吾* MV：深尾大樹　Pr：森田瑞穂、楊帆、
Co-Founded by Intertrend / Imprint Lab* CG：橋本健一*
参加クリエイター：アシフ・カーン、アトリエ・ワン、
伊東豊雄、FGMF、MVRDV、隈研吾、
コンスタンチン・グルチッチ、妹島和世、トラフ建築設計事務所、
内藤廣、原デザイン研究所、原研哉、坂 茂、藤本壮介、
馬岩松、ライザー＋ウメモト

22　Toyota Image Creator／2019年—
Dir：山﨑孝昇　CG：奥山義文　UE4 Designer：三鍋治朗
AD：松本純　UI：後藤健人　C：石田拓士　Pr：宮田洋平、
山﨑遼　CI：トヨタ自動車株式会社

23　市原湖畔美術館／2013年
CD・AD：色部義昭　D：色部義昭、植松晶子、加藤亮介
Ag：アートフロントギャラリー* Arc：有設計室*
Ph：遠藤匡、中戸川史明　Pr：早坂康雄　CI：千葉県市原市

24　第21回ミラノ・トリエンナーレ国際博覧会
「新・先史時代—100の動詞」／2016年
CD・AD：原研哉　D：松野薫、川浪寛朗、岡崎由佳、
酒井茜、東門光香　Ph：上田義彦*、中戸川史明
Curation：Andrea Branzi*＋原研哉　CO：岩倉一憲*
Animation and Media art installation：WOW*
3D laser mist hologram：浅井宣通*（WOW）
CI：ミラノ・トリエンナーレ

25 mtm labo／2020年
AD:原研哉 D:原研哉、松野薫、大野萌美、佐藤裕之、戴勇強、
Eva Winata Web:鐘鑫、細川比呂志 Ph:上田義彦*、
関口尚志*、岡庭璃子 MD:原研哉 MV:上田義彦*
ME:遠藤文仁*、定岡雅人* CG:橋本健一* Pr:楊帆、
鍋田宜史、村木諭 CI:安語鴻栢國際有限公司

26 色部義昭 WALL／2015年
AD:色部義昭 D:色部義昭、加藤亮介、本間洋史 Ph:遠藤匡
TD:タイププロジェクト* PI:ギンザ・グラフィック・ギャラリー
CI・Org:公益財団法人DNP文化振興財団

27 311 SCALE／2011年—
CD:原研哉 AD:原研哉、齋藤裕行 D:色部義昭、
齋藤裕行、藤原奈緒、植松晶子、中村晋平 C:山添浩太郎、
上野晃、原田珠里 HTML Coding:古賀泉美 Pr:児玉圭文、
三好克之、鍋田宜史、杉本瑞樹

28 蔦屋書店／2011年
AD:原研哉 D:原研哉、松野薫、三澤遥、佐々木那保子、
川浪寛朗 C:蓮見亮 Pr:内田奈緒 Web:齋藤裕行
Ph:美馬英二 CI:カルチュア・コンビニエンス・クラブ株式会社

29 展覧会「続々 三澤遥」／2018—2019年
AD:三澤遥 D:三澤遥、本山真帆、吉澤あずさ、佐々木耕平
C:磯目健 Ph:林雅之*(作品)、加藤純平*(会場) M:Noah*
McD:nomena* SC:株式会社竹尾*、馬越寿*、柿崎智広*

(すみだ水族館)、八木原敏夫*(ガラス)、アワガミファクトリー*
(動紙生産) PI:ギンザ・グラフィック・ギャラリー
CI・Org:公益財団法人DNP文化振興財団

30 Goertek／2018年
CD・AD:大黒大悟 DD:Sandro Kvernmo*
D:佐々木那保子、Sandro Kvernmo*、菅家悠斗、
矢崎花 PJM:Lars Larson* TD:Rasmus Michaëlis*、
Torsten Lindsø Andersen* Pr:鈴木龍毅、
森田瑞穂 Partner:Kontrapunkt* CI:Goertek

31 UENO PLANET／2015年—2017年
AD:三澤遥 D:三澤遥、吉澤あずさ、原元光章 C:磯目健
Web:澤田浩二 Dv:後藤健人 MV:FLIGHT GRAF*
ME:黒田教裕* M:Noah* CG・CAD:橋本健一*
Pr:杉本瑞樹 CI:東京都恩賜上野動物園

32 永井一正 LIFE／1991年—
AD・D:永井一正

33 EXPERIENCE JAPAN PICTOGRAM／
2020年—(構想中のプロジェクト)
AD:大黒大悟 D:釣瓶昂右、東門光香(モーション)
C:是方法光、鈴木瑛未

34 TAKAO 599 MUSEUM／2015年—
CD・AD:大黒大悟 D:大黒大悟、佐野真弓、

CREDIT

菅家悠斗、佐々木那保子、矢崎花　C:是方法光
Ph:山崎泰治*　MD:柴田大平*(WOW)
M:阿部海太郎*、小山田圭吾*(Cornelius)
Pr:鈴木輝隆、鈴木龍毅　CI:東京都八王子市

35　TokyoYard PROJECT／2019年―
　　CD:齋藤精一*(ライゾマティクス・アーキテクチャー)
　　AD:色部義昭　AD(Typeface):山口萌子
　　D:山口萌子、安田泰弘　TD:山口萌子、吉富ゆい
　　Ph:岡庭璃子　Ag:株式会社ジェイアール東日本企画、
　　株式会社博展　CI:東日本旅客鉄道株式会社

36　国立公園／2017年―
　　AD:色部義昭　D:山口萌子、安田泰弘
　　I:木下真彩*　Pr:早坂康雄、白土慎　Ph:遠藤匡
　　CI:環境省、博報堂

37　TVアニメ「アルドノア・ゼロ」／2014年
　　AD:有馬トモユキ　D:有馬トモユキ、堺達彦
　　Ph・Graphicker:宮崎真一朗*　PI・Pr:瀬島卓也*
　　CI:株式会社アニプレックス

38　ASAHI SUPER DRY
　　グローバルブランディング／2019年
　　ECD:来栖健夫　CD:吉田貴成
　　AD:吉田貴成、藤原英康、岡崎由佳
　　D:釣瓶昴右　C:是方法光、磯目健、
　　浅井花怜　Ph:細川類　Pr:鈴木龍毅、
　　井上英樹、森田瑞穂、山村健人、
　　今井翔悟、志賀大介
　　CI:アサヒグループホールディングス株式会社

39　大柵欄／2012年
　　AD:原研哉　D:原研哉、川浪寛朗、滝見壮平、
　　真野菜摘　App:齋藤裕行　Pr:楊帆　Ph:田中亮
　　CI:北京大柵欄投資有限責任公司

40　LIXIL 公衆衛生陶器／2020年
　　AD:原研哉　D:川浪寛朗、佐藤裕之
　　Pr:鍋田宜史　CI:株式会社LIXIL

41　waterscape／2015年―
　　AD:三澤遥　D:三澤遥、本山真帆　CAD:橋本健一*、
　　山﨑孝昇　Ph:林雅之*　C:磯目健　Pr:杉本瑞樹
　　SC:馬越寿*(ガラス)、髙橋漠*(ガラス)、
　　和田朋子*(ガラス)、椿原正洋*(塑像)

42　無印良品 企業広告「自然、当然、無印。」／2017年
　　AD:原研哉　D:原研哉、井上幸恵、加藤亮介、梶原恵
　　C:小池一子*、原研哉、長瀬香子、原麻理子
　　Ph:上田義彦*　MV:深尾大樹　I:水谷嘉孝*
　　Web:高橋大介*、小山内花倫*、福田亮佑*、齋藤裕行
　　Pr:白土慎　CI:株式会社良品計画

43　JAPAN HOUSE／2015年―
　　総合プロデューサー(2015―2018年)、
　　JAPAN HOUSE 東京事務局 クリエイティブ・アドバイザー
　　(2019年―):原研哉　AD:原研哉　D:原研哉、松野薫、
　　井上幸恵、川浪寛朗、岡崎由佳、神田彩子、鐘鑫、

大野萌美、北村友美、宮﨑菜奈、朱笑塵　CG：橋本健一*
Web：齋藤裕行、高橋大介*　C：原研哉、長瀬香子、原麻理子、
関拓弥、白石沙季*　Ph：深尾大樹、中戸川史明、関口尚志*
MV：深尾大樹、細川比呂志　Pr：鈴木龍毅、白土慎、
早坂康雄、鍋田宜史、松本敦、鶴田陽子　PM：中島友彦、
簾希里子　M：清川進也*　CI：外務省　掲載画像協力：珠寶、
三溪園臨春閣、森前誠二、青草窠、株式会社村田製作所

44　DESIGNING DESIGN／2007年―
　　AD：原研哉　D：原研哉、松野薫
　　CI：Lars Müller Publishers（英語版）、
　　岩波書店（日本語版）、広西師範大学出版社（簡体字版）、
　　磐築創意出版（繁体字版）、
　　Ahn Graphics Publishers（韓国語版）

45　The Art of Bloom／2019年
　　CD・AD：大黒大悟　D：大黒大悟、東門光香、
　　Intertrend Experiential*　L&TD：B1n4ry Visuals*
　　AR Design：Rumu Innovations*
　　Fragrance Design：Yosh Han and Harris Fragrances*
　　Floral Design：Rawfinery*　Ph：Brandon Shigeta*
　　CI・Pr：Intertrend Communications,Inc.

46　武蔵野美術大学／2011年―2015年
　　AD：大黒大悟　D：大黒大悟、南舘崇太、菅家悠斗、
　　桐山聡　C：原田珠里、下口綾　Ph：浜崎昭匡*
　　Pr：鈴木龍毅　CI：武蔵野美術大学

47　CYQL PROJECT／2020年―（構想中のプロジェクト）
　　PI：深澤冠、梶原恵、横田泰斗、松永遥　AD：梶原恵
　　D：梶原恵、陳暁洋*　Web：横田泰斗、伊藤涼　C：深澤冠
　　MD：深尾大樹　Ph：岡庭璃子　CG：橋本健一*

Pr：松永遥　SC：株式会社竹尾*、株式会社協進印刷*、
大日本印刷株式会社*

48　LEXUS クリエイティブワーク／2017年―
　　CD：桑田修、児玉慎二　AD・D：桑田修、内田歩、
　　藤原英康、荻原正巳、斎藤康司、大久保篤、森田啓一
　　C：児玉慎二、山添浩太郎、原田珠里、石田拓士、
　　鈴木伸彦、城島拓也　Pr：田沼孝之、瑞原賢司、宮内博文、
　　山下裕司、高石憲治、後藤裕貴　Ph：遠藤匡、
　　助友恭之、須田寿治、柳忍、細川類、松本技、岩﨑慧、
　　岡庭璃子、小野真太郎、片野元昭、高橋直哉、
　　Michael Schnabel*、三橋仁明*　IE：深谷征生、
　　入江佳宏、鈴木崇志、相坂宜丈、鈴木浩之、田中英雄、
　　高橋修一、加藤秀一　CG：奥山義文、藤田健一、井上喜一、
　　山口毅、寺田明広、堤麻里子、三鍋治朗、勝俣拓哉
　　CI：トヨタ自動車株式会社、株式会社デルフィス

49　日本遺産 人吉球磨／2018年
　　CD：原研哉　MD：深尾大樹　D：川浪寛朗、梶原恵
　　C：長瀬香子　Ph：志村賢一*、深尾大樹　M：堀修生*
　　I：かとうゆめこ*　CI：熊本県人吉市

50　興福寺中金堂落慶法要散華「まわり花」／2018年
　　AD：三澤遥　D：三澤遥、本山真帆
　　PI・Pri：岡村印刷工業株式会社*　MD：深尾大樹
　　MV：志村賢一*　MP：村木諭　Ph：濱田英明*
　　M：Heima*（佐藤充之・佐藤牧子）
　　Calligraphy：寺島響水*　Pr：杉本瑞樹

51　歌麿 The Beauty／2016年
　　AD：原研哉　D：原研哉、中村晋平、セバスチャン・フェアー、
　　トース・デゲッテ・ホムステッド　CI：株式会社小学館

CREDIT

52 須賀川市民交流センター tette／2019年
AD：色部義昭 D：本間洋史、足立拓巳 Pr：早坂康雄
Arc：石本建築事務所*、歓森泰行建築設計事務所*
CO：アカデミック・リソース・ガイド株式会社
CI：福島県須賀川市

53 超特撰 白鶴 天空 袋吊り 純米大吟醸
山田錦・白鶴錦／2015年
AD：色部義昭 D：色部義昭、植松晶子、
本間洋史 C：上野晃 Web：澤田浩二 WD：三戸洋輔*
Ph：阪野貴也* Pr：早坂康雄 CI：白鶴酒造株式会社

54 MUJI HOTEL／2018年
CD・AD：原研哉、加藤亮介、鐘鑫、
佐藤裕之、小野健輔 C：長瀬香子 Ph：中戸川史明
Web：清水恒平* CI：株式会社良品計画

55 KITTE／2013年
CD：原研哉 AD・D：三澤遥
C：和田英代、秋山智憲 Ph：細川類 Pr：曽我紗弥香
Ag：株式会社ADKマーケティング・ソリューションズ
CI：日本郵便株式会社

56 アバンティ「PRISTINE」／2016年—
AD：大黒大悟 D：大黒大悟、佐野真弓、
桐山聡 Ph：伊藤彰浩*、原忍、遠藤匡、岩﨑慧
Pr：鈴木龍毅 CI：株式会社アバンティ

57 みんなの森 ぎふメディアコスモス／2015年
AD：原研哉 D：原研哉、川浪寛朗、岡崎由佳、程黎、
真野菜摘 CI：伊東豊雄建築設計事務所

58 無印良品「住む。」雑誌広告／2002年—
AD：原研哉 Ph：伊藤彰浩* D：井上幸恵、駒沢智子、
増田圭吾、神田彩子 C：蓮見亮、磯目健、川原綾子、長瀬香子、
原麻理子、関拓弥、白石沙季 CI：株式会社良品計画

59 TENKU／2018年
AD：原研哉 D：原研哉、大橋香菜子、関拓弥、宮﨑菜奈
C：関拓弥 Ph：深尾大樹 MV：深尾大樹
Web：高橋大介*、井上良太*、森脇聖文*、長谷川広武*
CG：橋本健一* Pr：鍋田宜史 CI：天空の森

60 stone／2017年—
PI・D：北本浩之、横田泰斗 C：高久麻里、原麻理子、
丸山るい、城島拓也、深澤冠、蓮見亮 Dv：HMDT株式会社*
Web・WD：横田泰斗 Ph：岡庭璃子 Pr：曽根良恵

写真クレジット

小原清
V02／P2

関口尚志
V02／P3、4
V06／P3、4、6、7
V17／P3

V25／P4—6
V44／P3
V51／P3—8

上田義彦
V04／P3、4
V05／P3、4

V24／P3—6
V25／P2
V42／P3、4

坂本覚
V06／P5

Nacása & Partners Inc.
V06／P8
V09／P3—6、7
（右上、左下以外）、
8（右上以外）、
V18／P7、8
V27／P5、6
V28／P5、6
V57／P2—6

安永ケンタウロス
V06／P9、10
V13／P3—6

杉本博司
（協力：新素材研究所）
V09／P7右上

新建築社
V09／P8右上

北村圭介
V10／P5、6

Rich Stapleton
V11／P2

加藤純平
V12／P3、4
V29／P7—10

阪野貴也
V14／P3—6
V53／P3—6

白井亮
V18／P3—6

与田弘志
V21／P4—7、8（下2点以外）

Jérémie Souteyrat
V21／P8下2点

加納永一
V21／P9、10
V39／P3、4、7、8

Gianluca Di Ioia
V24／P8上

伊藤彰浩
V28／P3、6、7
V58／P4

林雅之
V29／P3—6
V41／P2—6

山崎泰治
V34／P2—6、8

Japan House
London
V43／P7中右、9下、10下

Japan House
Los Angeles
V43／P8中右

Japan House
São Paulo
V43／P8下中

AMKK
V43／P8下右

Brandon Shigeta
V45／P3—8

Michael Schnabel
V48／P5、6、8

志村賢一
V49／P3、4

濱田英明
V50／P2—6

V00：プロジェクト番号
P0：各プロジェクト、冒頭をP1とした場合の該当ページ
※上記以外の写真は日本デザインセンター

略号

AD	アートディレクター
Ag	代理店
App	アプリデザイン
Arc	建築・会場構成
C	コピーライター
CAD	コンピュータ・エイデッド・デザイン
CD	クリエイティブディレクター
CDr	コピーディレクター
CoD	コンテンツディレクター
CG	CG制作
CI	クライアント
CO	コーディネーター
D	デザイナー
DD	デザインディレクター
Dir	ディレクター
Dv	ディベロッパー
ECD	エグゼクティブクリエイティブディレクター
ED	エディトリアルデザイン
FeDv	フロントエンドディベロッパー
I	イラストレーター
IE	イメージエディター
L&TD	ライティング&テクノロジーデザイン
M	音楽
McD	メカニカルデザイン
MD	映像ディレクター
ME	映像エディター
MP	映像プロデューサー
MV	動画、映像制作
Org	オーガナイザー
PbM	パブリシティマネージメント
PD	プロダクトデザイン
Ph	フォトグラファー
PJM	プロジェクトマネージャー
PI	プランナー・企画
PLA	企画・運営統括
PLC	企画コーディネート
PM	プロダクションマネージャー
Pm	プロモーション
PR	広報
Pr	プロデューサー
Pri	印刷・加工
SC	協力・特別協力
SE	サウンドエンジニア
TD	タイプフェイスデザイン
TDr	テクニカルディレクター
TX	テキスタイルデザイン
UI	ユーザーインターフェイスデザイン
Web	ウェブデザイン
WD	ウェブディベロッパー
＊	社外

監修	原研哉
アートディレクション	色部義昭
デザイン	荒井胤海
編集・テキスト	是方法光、関拓弥
トビラ絵アートディレクション	三澤遥
トビラ絵デザイン	本山真帆、古里春菜
校閲	中山薫

ヴィジュアライズ ロクジュウ

VISUALIZE 60

2021年1月15日　発　行　　　　　　　　　NDC727

編　者	日本デザインセンター[にっぽん]
発行者	小川雄一
発行所	株式会社 誠文堂新光社
	〒113-0033 東京都文京区本郷3-3-11
	TEL：03-5800-5776（編集）
	TEL：03-5800-5780（販売）
	https://www.seibundo-shinkosha.net/
印刷所	株式会社 大熊整美堂
製本所	株式会社 ブロケード

ISBN978-4-416-62027-4